Viver BEM com AUTISMO

Dados Internacionais de Catalogação na Publicação (CIP)
(Câmara Brasileira do Livro, SP, Brasil)

Neff, Megan Anna

Viver bem com autismo : mais de 100 práticas de autocuidado / Megan Anna Neff ; tradução de Mariana Perlati. – Petrópolis, RJ : Vozes, 2025.

Título original: Self-care for autistic people

Bibliografia.

ISBN 978-85-326-7236-0

1. Autismo – Diagnóstico 2. Autismo – Pacientes 3. Autismo – Tratamento I. Título.

CDD-616.8982

25-274822 NLM-WM 203

Índices para catálogo sistemático:

1. Autismo : Medicina 616.8982

Cibele Maria Dias – Bibliotecária – CRB-8/9427

Megan Anna Neff

Viver BEM com AUTISMO

Mais de 100 práticas de autocuidado

TRADUÇÃO DE

MARIANA PERLATI

EDITORA VOZES

Petrópolis

Publicado conforme acordo com Adams Media, um selo da Simon & Schuster, LLC, 1230 Avenue of the Americas, New York, NY 10020, USA.

Tradução do original em inglês intitulado *Self-Care for Autistic People: 100+ Ways to Recharge, De-Stress, and Unmask!*

Direitos de publicação em língua portuguesa – Brasil:
2025, Editora Vozes Ltda.
Rua Frei Luís, 100
25689-900 Petrópolis, RJ
www.vozes.com.br
Brasil

Diagramação: Victor Mauricio Bello
Revisão gráfica: Alessandra Karl
Capa: Larissa Brito

ISBN 978-85-326-7236-0 (Brasil)
ISBN 978-1-5072-2193-8 (Estados Unidos)

Este livro foi composto e impresso pela Editora Vozes Ltda.

Agradecimentos

Este livro é uma fusão da minha energia de interesse especial, dos anos de desconcertantes aventuras como um ser humano autista não diagnosticado e da sabedoria coletiva dos meus companheiros nesta jornada.

Tudo começou com a minha destemida filha, que me conduziu pela fascinante e tortuosa trilha da pesquisa sobre o autismo. Devo gratidão ilimitada aos pensadores, criadores e pesquisadores autistas, que, generosamente, compartilharam seus conhecimentos e experiências de vida, iluminando meu caminho.

Uma gorjeta para meu sempre paciente cônjuge neurotípico, que constantemente me empresta seu funcionamento executivo e mantém nossa casa funcionando enquanto mergulho nas minhas hiperfixações, como este projeto! Para meus dois incríveis filhos, que polvilham minha vida com um significado ilimitado, e meus pais, que teceram sem esforço acomodações em meu mundo, mesmo antes de reconhecermos a necessidade delas.

Meu sincero agradecimento à minha orientadora de doutorado, Mary Peterson, que reconheceu a visão do *Neurodivergent insights* e me encorajou a traçar meu próprio caminho. Também tenho uma profunda gratidão ao meu ex-terapeuta, que me ajudou a navegar nas profundezas do meu inconsciente até que, finalmente, revelou a resposta: autismo.

Tive a sorte de encontrar mentores que afirmam neurodivergências em Donna Henderson, Joel Schwartz e Finn Gratton. A comunidade autista proporcionou um porto seguro durante a desorientadora viagem de descoberta tardia.

Laura e Rebecca, sua crença inabalável na visão deste projeto e sua curiosidade e sabedoria ilimitadas têm sido, juntamente, minhas luzes guias. Obrigada por se unirem a mim nesta aventura.

Sumário

Prefácio

Certa vez, um amigo me perguntou: "Se existisse uma pílula que pudesse tomar e que fizesse você se tornar uma pessoa não autista, você tomaria?" Eu não vou mentir; pensei nessa possibilidade. Seria bom poder estar em uma sala com mais de cinco pessoas e não me sentir automaticamente sobrecarregada sensorialmente. Seria bom não me preparar para a dor toda vez que um caminhão passa perto do meu escritório em casa. Seria bom poder formar (e manter!) conexões com mais facilidade. Contudo, eu disse ao meu amigo: "Não, eu não tomaria essa pílula". No fim das contas, adoro ser autista e... é difícil ser autista. É difícil navegar em um mundo que não foi construído para mim. Adoro a criatividade e o entrelaçamento da minha mente e me deleito com a dopamina que recebo ao passar horas aprendendo sobre meu interesse especial. Minha habilidade de compreender coisas complexas e encontrar padrões me anima e minha curiosidade incessante torna a vida uma maravilha sem fim.

Pessoas com uma compreensão superficial do autismo muitas vezes o reduzem a "ser socialmente desajustado". No entanto, o autismo é muito mais do que diferenças sociocomunicativas. A dificuldade na comunicação com alísticos (não autistas) certamente me causou alguma dor, mas, para mim, certamente não é a parte mais difícil de ser alguém autista. *Em minha perspectiva, a parte mais difícil é minha relação com meu corpo.*

Ele costuma ser um lugar de excessos e de faltas – sobrecarga sensorial, neblina, desconforto e alienação sensorial. Em contrapartida, muitas pessoas autistas permanecem congeladas no espaço dos excessos perpétuos e são constantemente oprimidas pelo mundo. Ser autista é ser frequentemente invadido pelo mundo. Os cheiros, os sabores, os sons e as demandas por bate-papos podem parecer invasões constantes.

Essa forma de viver me deixou insatisfeita e desconectada. Depois do meu diagnóstico de autismo aos 37 anos, o que ocorreu após o diagnóstico de um dos meus filhos, coloquei meu treinamento psicológico em prática para cultivar uma vida mais significativa, estável e consistente com meus valores. Eu mudei meu enfoque para trabalhar principalmente com outros adultos autistas em meu consultório particular e encontrei conexão e apoio na comunidade autista *on-line*. Como uma psicóloga autista, tenho grande prazer em ajudar outros indivíduos autistas a desenvolverem vidas que funcionem para eles.

À medida que fui adquirindo mais conhecimento sobre meu diagnóstico, percebi que precisava priorizar o autocuidado. Comecei a aprender a cuidar do meu corpo, da minha mente e espírito de uma forma que me ajuda a sentir-me estável, relaxada e feliz. Criar e compartilhar esses recursos de educação e bem-estar com a comunidade neurodivergente me trouxe um sentimento de propósito e pertencimento. Graças a essas experiências e aprendendo como integrar o autocuidado que funciona para mim, tive menos esgotamento e uma conexão mais profunda com os outros. Espero que as ideias neste livro ajudem você em sua jornada autista.

Você pode se envolver com as ideias desta obra de muitas maneiras diferentes, dependendo de suas preferências. Você pode querer pular para vários tópicos ou entradas que atendam às suas necessidades em um determinado momento, ou você pode optar por se concentrar em praticar apenas um exercício por um tempo. Eu sempre aconselho meus clientes a serem pacientes consigo mesmos enquanto aprendem coisas novas – não espere perfeição imediata (isso pode ser especialmente difícil para nós autistas!). Tentar de novo e de novo e aprender o que funciona ou não para você é uma parte importante do processo.

O que compartilho neste livro tem sido influenciado pelas minhas próprias circunstâncias específicas. Sou um indivíduo autista com TDAH, o que me coloca numa categoria neurominoritária, e eu também tenho múltiplas identidades privilegiadas, incluindo a capacidade de falar. Embora parte desta obra possa ser relevante para indivíduos autistas não falantes, reconheço que minha experiência significa que este escrito atende principalmente a pessoas autistas falantes e sem deficiência intelectual concomitante. Ao compartilhar este livro a partir do meu contexto, ao mesmo tempo que mantenho em mente as complexidades das muitas intersecções de experiências humanas que conheço, minha esperança é fornecer *insights* e ferramentas para o autocuidado que ressoa em você e que pode aplicar ao seu contexto específico ao mesmo tempo que reconhece os limites inerentes a este texto.

Seu corpo está fazendo coisas incríveis por você todos os dias, e o autocuidado é uma maneira de demonstrar gratidão e apreço por todo seu árduo trabalho.

Introdução

Muitas pessoas autistas conduzem suas vidas no modo sobrevivência, tentando evitar e desviar dos excessos do mundo. Quando você é autista, é como se o seu sistema nervoso estivesse fora do seu corpo, absorvendo completamente cada estímulo sensorial, interação social e informações. Embora essa sensibilidade exacerbada possa ser um ponto forte – talvez fazendo de você uma pessoa observadora, inteligente e curiosa –, ela também pode rapidamente sobrecarregar seu corpo e mente. É como se sua bateria interna estivesse sempre sendo utilizada e, por isso, acabasse mais rapidamente do que as baterias dos seus pares neurotípicos. É por isso que você precisa de maneiras únicas, que combinam com as preferências específicas do seu corpo, de descansar e rejuvenescer. O autocuidado pode agir como um protetor neutralizante da intensidade do mundo, permitindo que você recarregue sua bateria e viva uma vida completa e envolvente.

Mascarar pode, particularmente, esgotar sua bateria ainda mais rápido. Devido ao estigma associado ao autismo, você pode ocultar ou reprimir seus comportamentos naturais ou se autotranquilizar para parecer menos autista. Por exemplo, seu corpo provavelmente deseja evitar contato visual, estímulo e/ou movimento para ajudá-lo a se firmar e regular, mas se você passar a sua vida camuflando e suprimindo esse instinto natural, você pode experimentar uma maior sobrecarga sensorial e se desconectar do seu corpo.

Quer você use uma máscara ou não, é importante aprender como cuidar de formas que realmente recompensem e nutram seu cérebro, em vez de usar ideias de autocuidado criadas a partir de lentes neurotípicas.

É por isso que as dicas, ideias e informações em *Viver bem com autismo* são adaptadas especificamente para abordar aspectos sensoriais, emocionais, relacionais e desafios profissionais para que você possa se sentir mais alinhado com quem você é e construir uma vida equilibrada e expansiva.

Viver bem com autismo inclui informações sobre como trabalhar com seus sistemas sensorial e nervoso, contém práticas para ajudá-lo a se defender e descobrir maneiras de limitar o esgotamento. Começar uma prática de autocuidado pode parecer cansativo, então reserve um tempo e concentre-se nos capítulos significativos para você. Além disso, é possível começar aplicando algumas práticas por vez. Aqui estão apenas algumas das dezenas de práticas que encontrará neste livro:

- Gerencie suas necessidades sensoriais;
- Alivie a tensão nos músculos;
- Dê suporte à sua saúde intestinal;
- Descanse sua mente;
- Identifique os sinais de alerta e os sinais positivos nas amizades;
- Abandone demandas desnecessárias.

Como psicóloga autista, sei que promover um relacionamento saudável com sua condição autista é a chave para viver uma vida plena – e o autocuidado pode ajudá-lo. Você tem muito a oferecer a este mundo, mas para fazer isso, primeiro você precisa ouvir o seu corpo, processar suas emoções e realmente abraçar todas as coisas maravilhosas sobre você. Prepare-se para construir a vida balanceada e alegre que você merece!

1

Cultivando a segurança sensorial

O autocuidado é, sem dúvida, importante para todos. Contudo, para pessoas autistas ele é especialmente necessário devido à forma como nossos corpos interagem com o mundo. Neste capítulo, você explorará a importância do autocuidado para pessoas autistas e aprenderá como superar os obstáculos comuns que podem atrapalhar suas atividades de autocuidado. Este capítulo também entrará em detalhes sobre o que é a base do autocuidado para muitas pessoas autistas – o autocuidado sensorial. Ele ajuda você a aprender a ouvir as necessidades do seu corpo em relação ao que vê, ouve, toca, prova e cheira, atendendo a essas necessidades de uma forma que isso funcione para você.

Este capítulo o prepara para que continue incorporando o autocuidado em sua vida e estabelece a estrutura para sua jornada em direção ao bem-estar holístico. Provavelmente você descobrirá que cuidar proativamente de si mesmo é uma sensação empoderadora e que permite criar mais situações nas quais você se sente calmo, focado e feliz.

Uma nota importante

Autocuidado não é uma solução única para todos. Grande parte da conversa sobre autocuidado parece desligada das complexidades da vida real – afinal, o que acontece quando alguém não tem acesso a vegetais frescos para fazer um suco verde ou quando a qualidade do ar na vizinhança é tão ruim que dar um passeio seria prejudicial? O autocuidado está intrinsecamente entrelaçado no tecido de nossas identidades que se cruzam que então interagem com as estruturas sociais circundantes. Embora eu tenha tentado selecionar atividades de autocuidado que possam ser adaptadas a vários contextos, algumas dessas entradas podem parecer desalinhadas com suas circunstâncias específicas. Sistemas de opressão que influenciam pessoas negras ou indígenas[1], pessoas com deficiência, pessoas *queer* e mulheres também precisam ser discutidos para que haja apoio para a prosperidade humana. Como essas questões sistêmicas são além do escopo deste livro, as entradas se concentrarão nos elementos sob sua influência que podem ajudar a promover a resiliência à medida que você navega nesses sistemas e conforme continuamos a construir um mundo mais inclusivo e seguro para todos.

---

1 Em inglês, a autora coloca o acrônimo "BIPOC" (Black, Indigenous and People of Color), o que, em uma tradução literal, seria correspondente a "negros, indígenas e pessoas de cor" [N.T.].

Por que o autocuidado é tão importante para pessoas autistas?

Viver em um mundo que não foi projetado para você pode ser extremamente cansativo. Diariamente, você pode precisar navegar pelos aspectos físicos, emocionais, cognitivos, vulnerabilidades digestivas, ou outras, que muitas pessoas autistas experimentam. Além disso, pode descobrir que suas necessidades sensoriais específicas passam, muitas vezes, despercebidas, que seus estilos de comunicação e pensamento são frequentemente desconsiderados e que, com frequência, você é malcompreendido. O peso do estigma e dos estereótipos negativos agrava ainda mais essas lutas diárias. Também, você tem todas as responsabilidades "regulares" e o estresse que advém de ser um membro da família, um parceiro romântico e/ou amigo, um funcionário e assim por diante.

Quando todos esses fatores são somados, eles podem fazer com que se sinta cansado, sobrecarregado e até mesmo esgotado. Você merece relaxar, recarregar e reiniciar seu corpo. É nesse ponto que entra o *Autocuidado para pessoas autistas.* Ao dedicar tempo para avaliar como se sente e para atender às suas necessidades é uma maneira fundamental de restaurar sua energia e cuidar da sua saúde e bem-estar geral. Praticar o autocuidado pode ajudá-lo a melhorar sua saúde física, a fortalecer seus relacionamentos, a desfrutar de momentos mais tranquilos, a estabelecer limites e a alcançar objetivos.

Superando os desafios de praticar o autocuidado

Praticar o autocuidado nem sempre é fácil para pessoas autistas. Dois obstáculos podem atrapalhar seu caminho quando se trata de autocuidado:

1. Mascaramento

Tentar ocultar pode afastá-lo de sua experiência autêntica e tornar a conexão com suas necessidades e preferências desafiadora.

2. Dificuldades de interocepção

Muitas pessoas autistas lutam com a interocepção – a capacidade de compreender os sinais internos do seu corpo. Isso complica ainda mais o autocuidado, pois você pode ter dificuldade para avaliar com precisão seus estados físico e emocional.

Ambas as experiências distanciam você do seu corpo e de suas necessidades – que são o cerne do autocuidado.

O autocuidado começa com a autossintonia, que é a prática de entrar em sintonia com suas experiências internas a qualquer momento. Por exemplo, se estiver sentindo-se oprimido, você pode dar um passo para trás e se perguntar que influência específica está causando esse sentimento. O que seu corpo está pedindo no momento? Ou ainda, se estiver ansioso, você pode fazer uma pausa para observar e nomear a história que sua mente está rodando naquele momento. Para pessoas autistas, no entanto, as complexidades do mascaramento e os desafios inatos com a interocepção podem tornar a autossintonia particularmente difícil. Sem a capacidade de avaliar seus estados internos, suas necessidades permanecem obscurecidas, impedindo que consiga abordá-las. Para complicar as coisas, você pode até se dissociar do seu corpo, uma resposta protetora decorrente da natureza avassaladora do mundo ao seu redor.

Se, assim como eu, você descobriu o autismo mais tarde na vida, quando perceber isso sobre si, você pode estar tão desconectado de seu corpo e necessidades essenciais que nem sabe por onde começar! É por isso que para muitas pessoas autistas o autocuidado começa com a reconstrução da confiança em seu corpo. Seus primeiros passos envolverão aprender a ouvir o que precisa, melhorar sua comunicação com seu corpo, trabalhar com experiências traumáticas e aprender a levar suas necessidades (e prazeres) a sério. Se você é alguém que utiliza máscaras, pode ser que não tenha dado muita importância às suas necessidades anteriormente. Se for esse o caso, priorizar o seu autocuidado é, na verdade, um passo profundo em direção ao desmascaramento e ao bem-estar geral. Seu corpo merece um amoroso cuidado, e você é a melhor pessoa para fornecê-lo, afinal, você se conhece melhor do que ninguém, então conte com esse conhecimento para colocar seus interesses e necessidades em primeiro lugar.

O que é autocuidado sensorial?

Para a maioria das pessoas autistas, a regulação sensorial é o alicerce do autocuidado – é como a fundação de uma casa, isto é, toda a casa vai desmoronar se o seu alicerce estiver errado. Se não houver regulação sensorial, todos os seus outros sistemas ficarão desligados e você poderá sentir ansiedade, irritabilidade ou crises. Também pode sentir dificuldade para se concentrar quando seu sistema sensorial fica descontrolado.

O autocuidado sensorial refere-se à prática intencional de gerenciar e atender às suas necessidades sensoriais, sendo que algumas delas incluem desintoxicação e o gerenciamento da sensibilidade ao som, ao cheiro e à pressão profunda ou de fortes sensações físicas e movimentos repetitivos. Ao praticar o autocuidado sensorial, você reconhecerá e responderá a essas necessidades para criar uma experiência sensorial mais balanceada e regulada. Por exemplo, para abordar a necessidade de pressão profunda e regulação sonora, você pode deitar-se sob um cobertor pesado e com fones de ouvido, ouvindo sua música favorita repetidamente. Ao praticar esse tipo de autocuidado sensorial, você pode promover mais ações para regular suas emoções, seu funcionamento executivo e seus relacionamentos.

Conheça seu perfil sensorial

Embora haja mais de cinco sentidos, normalmente existem os "cinco grandes", que vêm à mente quando falamos sobre sensibilidades sensoriais: paladar, olfato, tato, audição e visão. Esses cinco sentidos têm uma influência poderosa sobre como você experiencia cada momento.

O primeiro passo para priorizar o autocuidado sensorial é conhecer o que incomoda você (seus gatilhos) e exatamente o que envolve sua experiência sensorial ideal (suas preferências). Pode parecer simples reunir essas informações, mas pode ser uma tarefa um pouco complexa para muitas pessoas autistas, porque:

1. Você pode ter experiências sensoriais conflitantes ou paradoxais;
2. Muitas pessoas autistas lutam com a consciência corporal, então você pode ter dificuldades em decodificar qual é a sua experiência sensorial.

Se essa tarefa dor desafiadora para você no início, saiba que isso melhorará com a prática. Ao obter clareza sobre seus gatilhos e preferências sensoriais em cada um desses cinco domínios pode equipá-lo para acomodar suas necessidades e cultivar um ambiente sensorial ideal. (Consulte a seção "Gerencie suas necessidades sensoriais", no capítulo 2, para mais ideias de como gerenciar seus cinco sentidos tradicionais.)

Identificando seus gatilhos sensoriais

Gatilhos sensoriais são eventos que irritam seu sistema nervoso e causam sobrecarga sensorial, como ruídos altos ou inesperados, luzes brilhantes, certas texturas, toques inesperados e cheiros fortes.

Se você luta com a consciência corporal, talvez nem saiba quando ou por que está sentindo uma sobrecarga sensorial, podendo notar que simplesmente se sente mal ou ter uma dor de cabeça. Isso é um problema, pois se não compreender que seu sistema sensorial está sobrecarregado, você não tomará atitudes para sua regulação. É como se um veneno inodoro estivesse lentamente se infiltrando de forma imperceptível. Aprender a identificar seus gatilhos sensoriais o ajuda a ser mais proativo para, se possível, se afastar de situações de gatilho sensorial e lidar com a sobrecarga que surge caso não consiga evitá-las.

A identificação de seus gatilhos específicos é como um trabalho de detetive. Por exemplo, da próxima vez que tiver uma dor de cabeça ou uma onda de ansiedade (observe que essa sobrecarga sensorial pode parecer ansiedade), faça uma varredura rápida em seu corpo e arredores: há algo incômodo em seu ambiente? Você está sob uma luz brilhante? Existe um cheiro forte por perto?

De novo: você é especialista em si mesmo, então, comemore e use esse poder de ação para melhorar suas experiências. Descobrir seus gatilhos sensoriais pode levar um tempo e atenção, mas o esforço vale a pena. Aqui estão algumas formas de começar a identificar seus gatilhos:

- *Mantenha um diário de eventos desencadeadores sensoriais*: anote como se sente durante o dia e quais experiências causam desconforto ou angústia;

- *Realize uma varredura ambiental consciente*: escaneie seu ambiente sempre que sentir uma onda de desconforto para ver se consegue identificar possíveis gatilhos;
- *Observe a tensão muscular*: preste atenção quando seu corpo está contraindo ou enrijecendo e note o que está acontecendo ao seu redor no momento;
- *Procure apoio profissional*: considere trabalhar com um profissional treinado, como um terapeuta ocupacional, que possa orientá-lo identificando seus gatilhos sensoriais e desenvolvendo estratégias para gerenciá-los.

Conhecer esses eventos desencadeadores o ajudará a gerenciar seu ambiente e a manifestar seu direito a espaços que funcionam para você. Por exemplo, quando entrar em um restaurante, pode dizer algo como "Eu tenho sensibilidade à luz. Tudo bem se nos sentarmos em um canto ao invés de ficarmos embaixo desta luz?" Assumindo o controle de suas experiências dessa maneira pode empoderar e ajudar você a construir uma confiança para sua autodefesa – que também são formas de autocuidado!

Identificando suas preferências sensoriais

Muitas pessoas autistas acham mais fácil identificar gatilhos sensoriais do que reconhecer preferências sensoriais. No entanto, as preferências são tão importantes quanto os gatilhos, pois elas ajudarão você a sentir-se calmo no ambiente que o rodeia e a tranquilizá-lo quando estiver chateado. Criar um ambiente sensorial tranquilo contribui para que consiga se concentrar com maior eficácia, permanecer mentalmente estável e interagir com as pessoas ao seu redor.

As preferências sensoriais variam muito de pessoa para pessoa. Alguém que é altamente sensível a estímulos visuais pode gostar de pouca iluminação em um ambiente sóbrio e organizado, sem confusão visual. Por outro lado, uma pessoa que é mais visual pode gostar de luzes coloridas, LED, luzes giratórias e outros elementos visualmente estimulantes. Não há respostas certas ou erradas aqui; você decide o que funciona melhor para você. Existem várias maneiras de explorar suas preferências sensoriais. Você pode:

- *Cultivar a autoconsciência*: reserve um tempo para refletir sobre suas experiências e sobre como você responde a diferentes estímulos sensoriais. Observe como certos sons, texturas, cheiros, sabores e estímulos visuais afetam seu humor, níveis de energia e bem-estar geral.
- *Manter um diário sensorial*: crie um diário no qual possa documentar suas observações e reflexões sobre suas experiências sensoriais.
- *Obter* feedback: pergunte a amigos e familiares de confiança como eles acham que você responde a ambientes diferentes.
- *Usar listas de verificação sensorial*: uma lista de verificação sensorial é uma lista abrangente de opções sensoriais, geralmente categorizadas pelos diferentes sentidos. Se você luta com a consciência corporal, pode ser muito útil ter uma lista de opções para escolher. É possível encontrar diversas listas de verificação de preferências sensoriais gratuitas *on-line* (basta pesquisar "preferência sensorial lista de verificação", ou acesse meu site, www.NeurodivergentInsights.com, no qual há vários *checklists* sensoriais gratuitos).

Quando você entender quais são suas preferências sensoriais, poderá fazer pequenas mudanças no ambiente ao seu redor para que seja mais calmo e pacífico, poderá estar mais bem preparado para respeitar suas necessidades sensoriais e saber o que o tranquiliza quando está chateado ou vivenciando uma desregulação sensorial. Todas essas são formas de praticar o autocuidado também!

Entendendo o equilíbrio e o movimento

O autocuidado sensorial vai além dos cinco sentidos e inclui três sistemas sensoriais ocultos ou invisíveis: propriocepção, sistema vestibular e interocepção. Vejamos cada um deles com mais detalhes.

Compreendendo a propriocepção

Propriocepção refere-se à capacidade de saber onde seu corpo está no espaço sem pensar; isto é, sem estar consciente sobre isso. Os receptores proprioceptivos estão localizados nos músculos e nas articulações e fornecem informações sobre onde as partes do seu corpo estão e quanta pressão deve ser aplicada. Os "sub-respondentes" proprioceptivos precisam de estímulos proprioceptivos e provavelmente desfrutarão das experiências de pressão, peso, roupas apertadas, movimentos intensos e muito mais. Os "evitadores" proprioceptivos são sensíveis ao menor toque e podem ser acusados de reagir exageradamente quando alguém esbarra neles. Descobrir métodos toleráveis para incorporar informações proprioceptivas em sua rotina sensorial enquanto respeita os limites do seu corpo são fundamentais quando você é um "evitador" proprioceptivo.

Compreendendo seu sistema vestibular

Seu sistema vestibular ajuda a coordenar o equilíbrio e o movimento. Em seu ouvido interno, existem receptores que não apenas ajudam você a saber o quão rápido está se movendo e em que direção, mas também ajudam a decidir com que rapidez se mover e em que direção. Se você é um "sub-respondente" do sistema vestibular, buscará mais movimento e estímulos vestibulares (coisas como balançar, pender, saltar e pular). Os "sobrerespondentes" ("respondedores" excessivos), por outro lado, experimentam esse estímulo em alto grau e têm cinetose[2] com mais facilidade. Ações como andar de carro, elevador, escada rolante e até mesmo subir escadas podem causar desconforto. Se essa for uma experiência recorrente para você, será benéfico mover-se lentamente e não se envolver intencionalmente em atividades destinadas a deixá-lo tonto (não se deixe influenciar pelos colegas a fazer passeios giratórios em xícaras de chá!).

Compreendendo a interocepção

Por fim, a interocepção tem a ver com perceber com precisão o que está acontecendo dentro do seu corpo (como batimentos cardíacos, fome e emoções). Se você tiver maior consciência de interocepção, provavelmente sentirá tudo como se estivesse no máximo volume, mas pode ter dificuldade em diferenciar um sentimento do outro (por exemplo, distinguir a ansiedade da fome). Se tiver menor consciência interoceptiva, provavelmente luta para sentir coisas como emoções, sede, fome e vontade de usar o banheiro. Caso tenha dificuldade com a interocepção,

---

2 Na medicina, cinetose é a denominação técnica do enjoo (ou mal-estar) causado por movimento [N.T.].

colocar suas necessidades corporais básicas em um cronograma é vital, pois você pode não receber os sinais quando seu corpo precisar de algo.

Lidando com os desafios sensoriais

Navegar por esses desafios sensoriais é um importante primeiro passo na prática do autocuidado. As ideias a seguir oferecerão uma estrutura geral para gerenciar suas necessidades sensoriais para que possa começar a pensar em uma gama ainda mais ampla de opções de autocuidado. Essas sugestões tornarão você hábil para identificar e abraçar suas necessidades e celebrar sua capacidade de atendê-las.

Crie um plano de segurança sensorial

Depois de identificar seus gatilhos sensoriais e preferências, você pode escrever um plano de segurança que captura suas principais descobertas. O desenvolvimento de um plano de segurança sensorial personalizado pode ajudá-lo a antecipar e gerenciar possíveis gatilhos. Anote estratégias para se acalmar, espaços seguros e ferramentas que o confortam. Ainda, elabore uma estratégia de escape para quando estiver em um ambiente sensorial opressor. Ter essas informações anotadas com antecedência permitirá que você conduza situações sensoriais desafiadoras com mais facilidade.

Entenda e enfrente as crises nervosas (meltdowns)

Os colapsos nervosos (*meltdowns*) podem ocorrer quando uma sobrecarga sensorial se torna avassaladora e seu sistema sensorial, bem, entra em colapso. Durante uma crise, pode parecer que todos os sinais sensoriais estivessem gritando com você, como se tivesse perdido o controle do seu corpo e de suas ações. Esses colapsos podem ser desorientadores, indutores de ansiedade, vergonhosos e exaustivos! Um dos objetivos da sua prática de autocuidado será evitar ou minimizar a frequência dessas situações de estresse elevado, identificando seus gatilhos.

Reconhecer os primeiros sinais de uma crise nervosa e ter um plano em mãos para que você possa implementar rapidamente técnicas de autorrelaxamento podem ajudá-lo a gerenciar e se recuperar dessas experiências intensas. Também, é importante praticar o autocuidado após o colapso nervoso, visto que muitas pessoas autistas sentem bastante vergonha desses eventos.

Entenda e enfrente os desligamentos (shutdowns)

Os desligamentos (*shutdowns*) são similares aos colapsos nervosos, mas, para quem está de fora, eles parecem o extremo oposto. O desligamento acontece quando uma pessoa vivenciou uma sobrecarga sensorial e seu corpo responde se dissociando e se desligando. Os desligamentos são complicados, pois, para quem está de fora, você realmente parece calmo. Durante essa crise dissociativa, seu corpo absorve o estresse sensorial e o congela – mas a situação ainda é muito estressante. É muito importante perceber que o seu corpo esta estressado, que precisa completar o ciclo de estresse e liberá-lo quando for seguro fazê-lo. As ideias ao longo deste livro irão ajudá-lo a liberar essa energia exaustiva reprimida e retornar à segurança sensorial.

Abrace suas necessidades sensoriais

Uma das coisas mais eficazes que pode fazer para enfrentar os desafios sensoriais é aceitar e amar a si mesmo exatamente como você é. Simplesmente abraçar suas necessidades é um ato essencial e poderoso de autocuidado. Isso inclui:

- Ter curiosidade sobre sua experiência sensorial;
- Reconhecer e aceitar suas preferências sensoriais;
- Ajustar o ambiente ao seu redor para que seja sensorialmente compatível consigo.

Você é sempre digno de amor e cuidado. Reconhecer e cuidar das duas necessidades sensoriais são formas de demonstrar esse carinho ao seu corpo e à sua mente.

Incorporando outros tipos de autocuidado

O autocuidado sensorial é a base sobre a qual outras práticas de autocuidado são construídas – você vai querer continuar praticando essas habilidades mesmo enquanto explora outros tipos importantes de autocuidado. Na verdade, você descobrirá que frequentemente se refere às suas necessidades sensoriais em cada uma das outras categorias abordadas neste livro:

- *Autocuidado físico*: esta categoria inclui qualquer coisa que o ajude a cuidar do seu corpo. Por exemplo, você pode aprender a criar bons hábitos de sono e explorar estratégias para trabalhar com seu sistema nervoso sensitivo para se sentir mais regulado e centrado em seu corpo.
- *Autocuidado emocional*: esta categoria envolve atividades que visam desenvolver a consciência emocional e a resiliência. Por exemplo, você pode expandir sua consciência e educação emocional, permitindo que identifique e processe melhor suas emoções.
- *Autocuidado mental*: o autocuidado mental inclui práticas que dão suporte à sua saúde mental e bem-estar. Isso pode

incluir ações como identificar e alinhar-se com seus valores, o que pode trazer uma sensação de clareza e propósito para sua vida e, abraçando a atenção plena, você fortalecerá sua capacidade de sintonizar-se consigo mesmo em qualquer momento.

- *Autocuidado social*: o autocuidado social abrange técnicas que auxiliam sua circulação por situações sociais com cuidado. Aprender como estabelecer e nutrir relacionamentos significativos, bem como compreender e abraçar os padrões de comunicação de pessoas autistas, pode abrir o caminho para conexões mais genuínas e valiosas.
- *Autocuidado profissional*: este tópico aborda como nutrir seu eu profissional e prosperar em seu local de trabalho. Por exemplo, você pode encontrar um mentor prestativo e buscar acomodações que aumentem o conforto no ambiente de trabalho.

As pessoas autistas com frequência enfrentam barreiras, estigmas e dificuldades em cada uma dessas áreas, o que torna as práticas intencionais de autocuidado muito mais importantes. Ao ler as ideias deste livro, você encontrará maneiras de recarregar a bateria, de cultivar a resiliência e de se conectar com seu eu autêntico. Quando você cuida de si mesmo, você acolhe e aprecia sua verdadeira identidade e se envolve mais plenamente com o mundo. Deixe o *Viver bem com o autismo* ser o seu guia enquanto percorre esse caminho em direção à força, harmonia e alegria.

2

Autocuidado físico

Alguma vez você já pensou “Eu gostaria de ser uma mente dentro de um pote”? Muitas pessoas com autismo compartilham desse sentimento, porque ter um corpo dá muito trabalho! Se você luta contra os aspectos mais corporais do ser humano, isso pode ter um impacto no seu autocuidado físico.

Para complicar as coisas, quando você não se sente bem com seu corpo, alguns dos aspectos mais desafiadores de ser autista são amplificados. Por exemplo, sua necessidade de rotina pode ser intensificada quando seu corpo não se sente bem. Interagir com outras pessoas pode passar de administrável a insuportável! O desconforto físico prejudica o funcionamento executivo, dificultando o planejamento, a organização e a realização das tarefas diárias mais complexas.

Há razões válidas pelas quais o autocuidado físico pode ser um desafio para pessoas autistas. Problemas sensoriais podem torná-lo sufocante e a baixa consciência corporal pode criar obstáculos para o funcionamento executivo, fazendo com que seja mais difícil iniciar e manter rotinas consistentes de autocuidado. Independentemente dessa relação complexa com seu corpo, embora você seja capaz de cuidar dele, dê um passo de cada vez.

Neste capítulo, é possível encontrar atividades elaboradas para ajudá-lo a descobrir que tipos de autocuidado físico funcionam melhor para você, que pode querer aproveitar o movimento, reajustar seu sistema nervoso, priorizar hábitos de sono saudáveis ou explorar exercícios que melhorem a consciência corporal. As atividades neste capítulo são divididas em categorias – Movimento e regulação, Sono e Cuidados físicos e higiene – para que você possa encontrar facilmente ideias que ajudarão seu corpo a prosperar. Para evitar que se sinta sobrecarregado, tente implementar apenas uma ou duas atividades que combinem com você e seja gentil consigo mesmo ao incorporar novos cuidados pessoais em sua vida.

Movimento e regulação

Gerencie suas necessidades sensoriais

Navegar pela paisagem sensorial é particularmente desafiador para uma pessoa autista. Isso acontece, pois cerca de 90% das pessoas autistas lutam contra suas diferenças de processamento sensorial e podem experimentar hipersensibilidade ou hipossensibilidade sensorial. A hipersensibilidade sensorial pode levar a comportamentos evasivos, como fugir de luzes fortes ou sons altos, enquanto a hipossensibilidade resulta em percepções embotadas. Algumas pessoas autistas são também caçadoras sensoriais, o que significa que procuram por visuais dinâmicos ou texturas crocantes.

Compreender e gerenciar seus sentidos é uma forma de autocuidado que permite que observe o que funciona para você e, em seguida, capacite-se a moldar suas experiências sensoriais de acordo. Vamos explorar como gerenciar os cinco sentidos fundamentais.

Paladar: equilibrando preferências e sensibilidades

Pessoas autistas geralmente apresentam preferências e sensibilidades gustativas diferenciadas. Aqui estão algumas situações comuns e ideias para lidar com elas:

- Se você encontra conforto em um grupo seleto de "comidas seguras", especialmente durante momentos estressantes ou transições, adote esse hábito como uma forma de autocuidado. Comer esses alimentos seguros pode proporcionar estabilidade quando sua esfera sensorial estiver sufocante.
- Se você é um caçador sensorial no universo dos sabores, experimente alimentos apimentados e crocantes para estimular suas papilas gustativas.
- Se você tem hipossensibilidade ao paladar, esteja ciente dos riscos potenciais, como não conseguir reconhecer uma comida estragada. Para garantir que os alimentos estejam frescos ao consumi-los, verifique regularmente as datas de validade e considere implementar um sistema visual ou codificado por cores em sua geladeira, especialmente se você consome sobras com frequência.

Olfato: criando um ambiente olfativo tranquilo

Seu olfato pode ser uma faca de dois gumes, pois pode sobrecarregá-lo ou ser uma fonte de alegria. Se você é sensível a cheiros, tente eliminar produtos químicos e tóxicos do seu espaço residencial para reduzir o desconforto e minimizar os gatilhos da enxaqueca. Se você mora com outras pessoas, fique à vontade para mencionar o quanto os cheiros o afetam e veja se todos concordam com as opções sensoriais. Por outro lado, os indivíduos que são caçadores sensoriais podem apreciar produtos perfumados.

Se você tem um olfato hipossensível, estar ciente de uma possível sensibilidade entorpecida aos cheiros é essencial para a segurança, pois terá mais dificuldade em identificar agentes tóxicos no ar. Considere a instalação de detectores de qualidade do ar especializados ou alarmes em sua casa, o que pode proporcionar um reforço para sua segurança ao alertar sobre quaisquer substâncias nocivas no ambiente.

Tato: navegando em preferências e conforto

As escolhas de vestuário podem ter grande impacto na sua experiência sensorial. Independentemente de sua preferência por roupas mais justas ou mais largas, opte por aquelas que respeitem seus sentidos e que você ache confortáveis. Dependendo da sua preferência, um desses estilos pode atuar como um protetor contra a sobrecarga sensorial.

Visão: abraçando o conforto visual

Os estímulos visuais podem ser tanto cativantes quanto angustiantes. Você pode criar um santuário pacífico ao identificar estímulos visuais que acalmam seus sentidos e incorporá-los em seu ambiente. Se você precisar administrar uma sobrecarga, tente reduzir a confusão visual utilizando óculos escuros ou diminuindo a intensidade das luzes.

Audição: alcançando um equilíbrio auditivo harmonioso

As sensibilidades auditivas podem perturbar o seu equilíbrio. Faça uma lista de sons que trazem conforto para você para que possa consultá-los quando precisar se acalmar. Considere o uso de ferramentas como fones de ouvido com cancelamento de ruído ou aparelhos de ruído branco para regular suas experiências auditivas.

Compreenda as respostas do seu corpo ao estresse

Você se sente estressado por coisas que parecem insignificantes para os outros? Percebe seu coração disparado e uma sensação de pânico quando muita informação chega até você? Já se sentiu dominado por uma onda de cansaço ou sentiu que a vida não é real, quase como se você estivesse em um sonho? Todos esses são sinais de que seu corpo está entrando em um estado de estresse. Embora todos se sintam estressados uma vez ou outra, essas experiências acontecem com mais frequência para pessoas autistas. Nosso sistema nervoso tende a ser menos flexível que o dos outros, o que significa que ficamos estressados com mais facilidade. Por causa do seu sistema nervoso mais sensível, você provavelmente passa mais tempo em estados corporais estressados, como o estado de luta ou fuga ou no modo de desligamento. Aprender a estimular o sistema nervoso representa uma grande parte do cuidado com o corpo.

Quando seu sistema nervoso está estressado, ele segue um de dois caminhos: ou acelera e entra no modo de luta ou fuga, mobilizando você para a ação, ou entra em um desligamento protetor para reduzir a entrada de informações sensoriais (em outras palavras, isso meio que imobiliza você, um estado conhecido como congelamento-adulação). Enquanto o estresse é tipicamente associado à aceleração, as pessoas autistas parecem ser mais propensas do que a média a responder ao estresse entrando em modo de desligamento. Isso significa que você pode estar passando por um estresse, mas não está sendo registrado (para você ou para as pessoas ao seu redor!).

Quando você aprende a monitorar e mapear a resposta do seu sistema nervoso, você pode atender melhor às necessidades do seu corpo a cada momento. Aqui está um resumo do que você pode experimentar em cada estado de estresse e como fornecer ao seu corpo os cuidados e o apoio de que ele precisa.

Estado de luta ou fuga

Esse estado pode parecer uma onda de energia ou emoções intensas. Os exemplos incluem sentir-se inquieto, agitado, ansioso e oprimido. Durante a resposta de luta ou fuga, o envolvimento em atividades que liberem o excesso de energia ou promovam o relaxamento ajuda a completar o ciclo de estresse. Você pode tentar algum exercício vigoroso, respiração profunda ou relaxamento muscular progressivo (veja o tópico "Relaxe a tensão muscular" neste capítulo para obter instruções detalhadas) ou encontrar uma saída segura para a expressão emocional.

Estado de congelamento-adulação

Nesse estado, você pode se sentir emocionalmente entorpecido, cansado, desconectado ou dissociado. Isso pode fazer com que você se sinta imobilizado, preso ou excessivamente complacente em situações sociais. No modo de adulação é provável que você procure apaziguar os outros e tenha dificuldade em estabelecer limites ou se afirmar. Nesse contexto, essa é uma maneira de você se proteger inconscientemente de ameaças. Ao vivenciar o modo congelamento-adulação, seu corpo se beneficia de atividades suaves e calmantes para ajudar a regular o sistema nervoso, como tomar um banho quente, balançar suavemente ou praticar técnicas de ancoragem, como focar em um estímulo sensorial específico (por exemplo, você pode segurar uma xícara de chá e concentrar-se no calor que emana dela, ou você pode aplicar uma almofada térmica no corpo e focar na sensação de propagação do calor).

Estimule seu nervo vago para aliviar o estresse

Muitas pessoas autistas têm o que eu chamo de sistema nervoso "rígido", o que significa que nosso sistema nervoso não se adapta tão facilmente aos estímulos estressores e entramos em estados de estresse mais facilmente (lembre-se dos estados de luta ou fuga e de congelamento-adulação). Isso é mensurado por meio de algo chamado tônus vagal, que é associado ao nervo vago.

O nervo vago – também chamado "nervo errante", pois está entremeado nos principais órgãos – influencia a frequência cardíaca, a respiração e, ainda, é o nervo central responsável pelo relaxamento. Ter um tônus vagal elevado permite que você se adapte com flexibilidade ao seu ambiente e lide com os estressores aos quais estará exposto sem que entre num estado de estresse.

Com frequência, pessoas autistas apresentam baixo tônus vagal – o que significa que você pode ter dificuldades para se adaptar a estímulos estressores, e isso tudo acontece automaticamente. Portanto, quando o seu sistema nervoso responde, não é porque você é fraco; é uma resposta involuntária, muito parecida com um espirro ou uma tosse. A boa notícia é que você pode melhorar o tônus vagal.

Uma maneira de fortalecer o nervo vago é ativando os músculos conectados às cordas vocais. Atividades como cantar, cantarolar e gargarejar utilizam esses músculos, estimulando o nervo vago. Essas práticas ajudam a desencadear sua resposta de relaxamento e, ao mesmo tempo, aumentam seu tônus vagal. Experimente alguns métodos diferentes e observe como se sente. Você pode reservar um tempo em seu dia para cantar, cantarolar ou gargarejar, ou simplesmente fazê-lo quando estiver se sentindo sobrecarregado para ajudar a reduzir o estresse.

Busque momentos prazerosos

O movimento faz maravilhas pelo seu corpo e mente: melhora a saúde do coração, o humor, reduz o estresse e a ansiedade, ajuda o cérebro a funcionar com mais tranquilidade, libera endorfinas (o hormônio da "felicidade"), promove um sono melhor, entre outros benefícios.

Algumas pessoas autistas têm dificuldades para priorizar o movimento, talvez porque a coordenação e o equilíbrio possam não ser fáceis. Isso pode fazer com que as rotinas de exercícios tradicionais pareçam intimidadoras e pesadas. Além disso, as oportunidades tradicionais de exercício, como as academias ou times esportivos organizados, podem ser pesadelos sensoriais e é fácil sentir-se ansioso por conhecer as normas sociais de novos lugares.

Você pode, portanto, achar mais útil priorizar movimentos prazerosos em vez de formas tradicionais de exercício. Ao descobrir movimentos que realmente gosta, você pode criar uma experiência relaxante e gratificante que provavelmente transformará em hábito.

Muitas pessoas autistas consideram movimentos repetitivos, como nadar, patinar, correr e caminhar particularmente calmantes. Combinar tais atividades com uma música estimulante pode ser especialmente satisfatório! Você pode, inclusive, pensar fora da caixa e tentar *stim dancing*[3] ou uma rotina de treino em circuito repetitivo. Não importa se é nadar, dançar, caminhar

---

3 *Stim dancing* ou *stimming* são movimentos corporais repetitivos autoestimulatórios, como abanar as mãos, balançar o corpo de maneira rítmica, girar objetos etc. São praticados por pessoas autistas (mas não exclusivamente por elas) para estimular, de maneira regulada, um ou mais sentidos [N.T.].

ou qualquer outra atividade que lhe interesse, priorize descobrir que tipos de movimentos fazem você se sentir bem. Essas atividades proporcionam uma sensação de ritmo e fluxo que pode acalmar o sistema nervoso e, ao mesmo tempo, proporcionar benefícios à saúde.

Trabalhe a respiração para relaxar

A respiração pode ser uma ferramenta extremamente útil para ajudá-lo a reajustar o sistema nervoso. Essa prática de autocuidado oferece uma maneira de interromper o ciclo de estresse e ajudar o sistema nervoso a retornar a um estado desestressado. Parece simples, mas é realmente poderoso: ao conectar-se intencionalmente com a respiração, você pode guiar com suavidade o sistema nervoso de volta a um estado de equilíbrio.

O trabalho com a respiração é uma prática que envolve controle consciente e manipulação de seus padrões respiratórios. Baseia-se na compreensão de que a sua respiração está intrinsecamente ligada ao seu sistema nervoso, portanto, ao alterar a sua respiração, você pode influenciar o estado do seu sistema nervoso, que, por sua vez, influencia as suas emoções. Essa prática antiga, simples, mas profunda, permite o cultivo de uma sensação de tranquilidade interior, ativando a resposta de relaxamento incorporada no seu corpo. Algo tão fácil, como respirar fundo, ativa o nervo vago, que ajuda você a relaxar!

Inicialmente, você pode achar o trabalho com a respiração um desafio devido a dificuldades de consciência ou coordenação corporal. No entanto, com paciência, adaptação e técnicas visuais, ela pode se tornar uma ferramenta inestimável para redefinir o sistema nervoso.

Para experimentar o trabalho com a respiração:

- Encontre um espaço confortável onde possa se concentrar na respiração. Você pode optar por deitar-se ou sentar-se confortavelmente.
- Permita que seu corpo se acalme e concentre sua atenção no fluxo natural de sua respiração.
- Diminua intencionalmente o padrão respiratório, com foco especial em prolongar a expiração.
- Observe seu abdome subir e descer gentilmente (preste atenção se esse movimento ocorre no abdome ou se apenas seu tórax sobe e desce, já que muitas pessoas, no início, têm dificuldade para levar a respiração até o diafragma).
- Se você estiver com dificuldade em levar a respiração para seu abdome, coloque a mão na barriga ou, se estiver deitado, coloque uma pequena pelúcia ou um pequeno livro no abdome. Tente fazer com que sua mão (ou objeto) suba e desça com a respiração. Esse *feedback* visual é útil no início da aprendizagem.
- Você também pode fazer uma contagem como uma forma de tornar a prática mais concreta.

Para fazer a contagem na respiração:

1. Inspire lentamente pelo nariz enquanto conta lentamente até quatro;
2. Prenda a respiração por um segundo;
3. Expire lentamente pela boca enquanto conta até seis (desacelerar a expiração é particularmente útil para ativar o nervo vago);
4. Segure por um segundo e repita.

Essas atividades de respiração podem ajudar a reduzir a ansiedade, melhorar o sono, melhorar o tônus vagal, aumentar o foco e a atenção e aumentar o bem-estar geral. É incrível que você consiga fazer tudo isso simplesmente controlando seus padrões de respiração! Se está apenas começando, seja gentil consigo mesmo. Como qualquer habilidade, pode levar algum tempo para evoluir, especialmente se você tiver dificuldades com a consciência corporal. Confie na sua intuição e sinta-se à vontade para modificar e adaptar a respiração para melhor atender você.

Relaxe a tensão muscular

Na agitação da rotina, a tensão muscular aumenta, causando desconforto físico e estresse adicional no sistema nervoso. O relaxamento muscular progressivo (também conhecido como "tensão e liberação") é uma prática poderosa de autocuidado que pode ajudá-lo a liberar essa tensão e ativar a resposta natural de relaxamento do seu corpo. O relaxamento muscular progressivo está embasado na compreensão de que quando os músculos estão relaxados, a mente também relaxa. Você pode cultivar essa sensação de calma profunda tensionando e liberando sistematicamente diferentes grupos musculares. O relaxamento dos músculos ativa o sistema nervoso parassimpático (que, então, ativa sua resposta de relaxamento incorporada). Esse processo transfere você de uma sensação de agitação para uma sensação de tranquilidade.

Para praticar relaxamento muscular progressivo:

- Respire fundo algumas vezes, permitindo que seu corpo e mente se acalmem.

- Contraia e tensione os músculos dos pés por 3 a 5 segundos.
- Concentre sua atenção na sensação de tensão nesses músculos. Depois de sentir a tensão, libere-a completamente, permitindo que os músculos relaxem e suavizem.
- Preste atenção especial às sensações contrastantes de tensão e relaxamento. Observe a sensação quando os músculos relaxam.
- Em seguida, passe para as panturrilhas e continue subindo para cada grupo muscular principal. Tensione por 3 a 5 segundos e solte. Continue esse processo de tensionar e relaxar diferentes grupos musculares por todo o corpo, subindo até a cabeça.
- Respire profundamente enquanto libera a tensão, permitindo que a expiração leve embora qualquer tensão residual. Visualize a tensão se dissipando do seu corpo a cada liberação.

Pesquisas demonstraram que a prática regular de relaxamento muscular progressivo oferece inúmeros benefícios, como reduzir a tensão muscular, diminuir o desconforto físico, melhorar a qualidade do sono, diminuir os níveis de ansiedade e estresse e aumentar o relaxamento e o bem-estar geral. Ao incorporar o relaxamento progressivo em sua prática de autocuidado, você se capacita a relaxar a tensão, promove uma maior conexão mente-corpo e apoia a capacidade natural do seu corpo de regular e encontrar o equilíbrio. O relaxamento muscular progressivo traz benefícios adicionais para pessoas com sensibilidades sensoriais ou dificuldades de consciência corporal. Ao se concentrar conscientemente em cada grupo muscular e nas sensações internas, você fortalece a consciência corporal e aprofunda a conexão com o seu eu físico. Como a maioria das coisas, o relaxamento muscular progressivo é uma habilidade que requer um pouco de prática! Considere explorar áudios ou vídeos de relaxamento muscular progressivo guiado para ter uma estrutura nas primeiras vezes que fizer isso. Ao incorporar o relaxamento muscular progressivo em sua rotina de autocuidado, você desbloqueia uma ferramenta poderosa para aliviar a tensão enquanto nutre seu sistema nervoso.

Favoreça sua saúde intestinal

Nos últimos anos, os pesquisadores aprenderam muito sobre a conexão entre o intestino e o cérebro. A condição do seu intestino desempenha um papel fundamental não apenas influenciando a sua saúde mental, mas também o seu bem-estar físico geral. Uma saúde intestinal ruim pode contribuir para a inflamação e para problemas no funcionamento cognitivo. Pessoas autistas são mais suscetíveis a problemas relacionados ao intestino, então aqui estão algumas práticas que podem favorecer sua saúde intestinal:

Alimentação consciente

- Preste atenção ao que come e como isso faz você se sentir.
- Considere incorporar elementos benéficos ao intestino, como probióticos e alimentos ricos em fibras, em sua dieta, mas esteja atento a condições como intestino permeável ou supercrescimento bacteriano no intestino delgado (SCBID) ao incorporar alimentos ricos em probióticos.

Hidratação

- Mantenha-se hidratado bebendo uma quantidade adequada de água ao longo do dia. A hidratação adequada favorece a digestão e a função intestinal geral.

Gerenciamento de estresse

- O estresse afeta o intestino! Explore técnicas para reduzir o estresse, como respiração profunda, relaxamento muscular progressivo e participação em atividades que lhe proporcionem alegria e relaxamento.

Redução do uso de álcool

- O álcool pode ter impactos negativos no seu intestino. Considere eliminar ou reduzir o álcool para melhorar a saúde intestinal. Trabalhe com um prestador holístico.

Trabalhe com um profissional holístico

- O trabalho com um profissional da medicina funcional, naturopata ou holístico que entenda "All The Things" (um termo que descreve a interconexão dos sistemas de saúde e as vulnerabilidades, conforme cunhado pela Dra. Mel Houser, uma médica autista) e o autismo pode ajudá-lo a criar um plano personalizado para favorecer sua saúde intestinal.

Favorecer sua saúde intestinal é uma parte vital do seu bem-estar holístico.

Utilize visualizações para tranquilização sensorial

As visualizações permitem que você mergulhe em lugares agradáveis imaginários para que possa se fundir em momentos de segurança, conforto, conexão, prazer sensorial e tranquilidade. Ao aproveitar o poder da sua imaginação, você pode criar um espaço sensorial sagrado que acalma o sistema nervoso e proporciona um refúgio sensorial. As visualizações sensoriais são uma prática poderosa de autocuidado, pois oferecem uma pausa a qualquer hora e em qualquer lugar entre as demandas da vida. Além disso, são mais um poderoso exercício de relaxamento para ajudar a regular o sistema nervoso.

Veja como experimentar:

- Encontre um espaço físico o mais livre possível de distrações. Em seguida, feche os olhos e pense em um local que tenha um significado pessoal para você – pode ser uma lembrança preciosa de um passeio, uma imagem que tenha tocado você ou um cenário retratado em um livro ou filme que goste bastante.
- Depois de ter o lugar em mente, passe por cada um dos seus cinco sentidos primários, imaginando o que você experimentaria:
    1. Comece visualizando o que você veria nesse lugar. Absorva as cores, as formas e as paisagens ao seu redor;
    2. Em seguida, concentre-se nos aromas que preencheriam o ar. Respire profundamente e imagine as fragrâncias que permeiam esse espaço;
    3. Passe para o sentido do paladar. Imagine os sabores sutis que permanecem no ar ou nos alimentos que você pode encontrar nesse ambiente, como a doçura de uma brisa suave ou uma bebida reconfortante;
    4. Mude sua atenção para o toque. Traga à mente texturas e sensações que você encontraria. Sinta a suavidade de um cobertor contra a pele ou o frescor da água na ponta dos dedos. Permita que essas sensações táteis aprofundem seu senso de conexão com o lugar.

5. Finalmente, concentre-se nos sons que o rodeiam. Sintonize os sons ambientais ou naturais de fundo que preenchem esse espaço.

- Esteja presente em cada camada de experiência sensorial, saboreando as sensações que surgem. Não existe maneira certa ou errada de experienciar uma visualização sensorial. Permita que sua imaginação o guie e abrace os detalhes sensoriais que ressoam em você.

Incorporar visualizações sensoriais em sua rotina de autocuidado ou de sono pode proporcionar momentos de descanso, rejuvenescimento e conexão com espaços sagrados. Cultivar esse espaço sensorial seguro em sua mente cria uma experiência relaxante, permitindo que você relaxe e encontre alívio para quaisquer sentimentos opressores que enfrente.

Nota: algumas pessoas autistas apresentam afantasia, o que significa que são incapazes de visualizar imagens em suas mentes. Se você tiver afantasia, concentre-se em interagir com outros elementos sensoriais que você está experimentando ao seu redor agora, como paladar, tato e audição. Ao direcionar sua atenção para essas experiências sensoriais, você pode criar uma prática sensorial calmante significativa que se alinha com sua percepção única do mundo.

Sono

Crie uma rotina de sono saudável

Pessoas autistas enfrentam uma série de problemas de sono, como dificuldade em adormecer, insônia, redução do sono REM, apneia do sono, narcolepsia e muito mais. As razões subjacentes a esses desafios são inúmeras – desde mutações genéticas que afetam a regulação da melatonina e os ritmos circadianos (ciclos de sono-vigília) até sensibilidades sensoriais e mentes sobrecarregadas.

Se você não tiver um sono de qualidade, estará mais sujeito à depressão, à ansiedade, a dificuldades no funcionamento executivo e a muitas doenças físicas. É por isso que priorizar o sono é uma parte muito importante do seu programa de autocuidado. Duas maneiras de fazer isso são estabelecer uma rotina de sono saudável e criar um ambiente favorável ao sono.

Ter uma rotina com horário certo para dormir fornece sinais consistentes ao cérebro e ao corpo de que é hora de descansar. Esses lembretes são especialmente importantes para pessoas que têm dificuldades para perceber sinais internos de sonolência. Quer seja devido a uma curva de melatonina achatada, em que os sinais naturais de sono-vigília podem não ser tão distintos, ou devido a desafios com a consciência corporal, você pode não reconhecer prontamente quando seu corpo está cansado. Felizmente, é possível compensar isso criando sinais externos que avisam sua mente e seu corpo de que é hora de dormir.

Além disso, você pode configurar seu espaço para maximizar o sono. Seu cérebro busca constantemente criar atalhos; uma maneira de fazer isso é criando associações. Por exemplo, se você sempre come batatas *chips* enquanto assiste ao seu programa favorito, seu cérebro começa associar batatas *chips* ao programa de televisão. Da mesma maneira, se você tiver dificuldades para dormir, seu cérebro pode começar a associar o seu quarto ao estresse e à inquietação, perpetuando o ciclo de insônia. No entanto, ao criar conscientemente associações positivas com o sono, você pode reconectar seu cérebro e libertar-se das associações negativas em relação ao sono.

Veja como melhorar sua rotina e ambiente de sono:

- *Busque consistência*: esforce-se para ir para a cama no mesmo horário todas as noites. A consistência reforça a associação entre rotina e sono e fortalece o relógio circadiano.
- *Prepare o cenário para dormir*: remova as distrações e a desordem e decore o ambiente com o que faz você se sentir confortável e cansado, como cores suaves e roupas de cama confortáveis.
- *Crie associações de sono com a cama*: reserve sua cama exclusivamente para dormir (e para o sexo) – evite usá-la para trabalho ou outras atividades.
- *Separe sua cama, se necessário*: para pessoas autistas, os quartos costumam servir como espaços seguros para buscar refúgio. Contudo, retiros frequentes para o quarto podem interferir nas associações do cérebro entre o quarto e o sono. Considere instalar uma barreira entre sua cama e outras partes do quarto (por exemplo, com uma divisória ou cortina dobrável).
- *Crie um ambiente favorável ao sono*: considere fatores como temperatura, iluminação e níveis de ruído.
- *Limite o uso de dispositivos eletrônicos por, pelo menos, uma hora antes de dormir*: a luz azul emitida pelas telas pode interferir na produção de melatonina e atrapalhar os padrões de sono.
- *Em vez disso, escolha atividades relaxantes* que o ajudem a se tranquilizar e a se preparar para dormir, como ler um livro, praticar alongamentos suaves ou técnicas de relaxamento, como respiração lenta, visualizações e relaxamento muscular progressivo.

- *Aproveite as associações sensoriais*: comece a usar dicas sensoriais, como cheirar um determinado óleo essencial ou tocar uma música suave antes de dormir, para sinalizar ao cérebro que é hora de dormir. Ao criar associações como essas, você pode remodelar as vias neurais do cérebro, minimizar a insônia e promover padrões de sono mais saudáveis.

Coloque sua mente para dormir

Pessoas autistas costumam ter mentes sobrecarregadas, o que torna incrivelmente difícil adormecer. Você pode ser consumido por ruminações ansiosas, preocupações persistentes ou um fluxo implacável de pensamentos e ideias. Uma das estratégias mais úteis que aprendi para redirecionar uma mente sobrecarregada é algo chamado embaralhamento cognitivo, que se trata do processo de embaralhar intencionalmente seus pensamentos até o ponto em que eles não sigam mais uma sequência lógica. É uma técnica que pode distrair e redirecionar sua mente e, ainda, imita a atividade cognitiva normalmente experimentada durante os estágios iniciais do sono. A confusão cognitiva perturba a parte avaliativa da sua mente e a impede de fazer coisas como planejar, resolver problemas e ruminar – ciclos de pensamento que tendem a mantê-lo acordado! Ao praticar esse exercício, você pode se libertar do ciclo de reflexão excessiva e criar um espaço mental que, em última análise, auxilia na transição para um sono tranquilo.

Alguns aplicativos, como o MySleepButton, orientarão você em um exercício de embaralhamento cognitivo.

Tente o embaralhamento cognitivo de forma independente, seguindo estas instruções:

1. Escolha uma palavra para começar, como "chuva", "oceano" ou "floresta";
2. Comece pela primeira letra da palavra escolhida; no caso de "chuva", você começaria com "c". Pense em outra palavra que comece com essa letra, como "cachoeira". Se possível, crie uma imagem mental de uma cachoeira fluindo. Se você tem afantasia e não consegue visualizar, simplesmente lembre-se da palavra sem visualização. Agora pense em outra palavra que comece com a letra "c", como "coelho" ou "cachorro", e lembre-se dela. Continue até se esgotarem todas as palavras iniciadas com "c".
3. Passe para a próxima letra da palavra original, nesse caso, "h". Repita o processo pensando em palavras que comecem com "h" e visualizando imagens mentais relacionadas.
4. Continue essa prática, progredindo por cada letra da palavra original, permitindo-se gradualmente adormecer. Caso surja algum pensamento estressante e capte sua atenção, simplesmente reconheça-o e gentilmente direcione seu foco de volta para a letra que você estava pensando recentemente.

   Experimente o embaralhamento cognitivo e veja se você consegue desviar efetivamente a atenção de sua mente, criando, assim, um estado mental propício ao adormecimento.

Crie um refúgio sensorial para dormir

Outros fatores que influenciam frequentemente o sono do autista são as questões sensoriais. O mundo ao seu redor pode facilmente atrapalhar seu sono, sejam ruídos indesejados da vizinhança, a luta para encontrar conforto ou a preocupação com a temperatura e o fluxo de ar.

Você pode hesitar em investir em itens para dormir que possam resolver alguns desses problemas (como lençóis de alta qualidade ou máscara para os olhos), porque parecem extravagantes. Porém, tente mudar a narrativa e pensar neles como ferramentas para adequação de suas necessidades sensoriais – e também como formas de autocuidado!

Quando você assume o controle do seu ambiente, isso pode ajudá-lo a ter uma sensação de poder e controle, já que você está atendendo às suas próprias necessidades. Não se trata de extravagância; trata-se de reconhecer e assumir o controle de sua vida. Aqui estão alguns itens sensoriais práticos que podem ajustar problemas comuns de sono para pessoas autistas:

- *Máscara para os olhos ou cortinas blackout*: abafe a luz intrusiva envolvendo-se na escuridão com uma máscara para os olhos ou cortinas *blackout* de alta qualidade.
- *Máquina de ruído branco e tampões de ouvido*: se você for sensível a sons, considere uma máquina de ruído branco ou tampões de ouvidos confiáveis para bloquear os barulhos.
- *Roupa de cama de alta qualidade*: o sono é uma questão tátil e a roupa de cama desempenha um papel crucial. Procure travesseiros e colchões que atendam às suas preferências sensoriais. Explore materiais, texturas e pesos que acalmem você. Observe que isso pode mudar sazonalmente; por exemplo, você pode preferir um cobertor mais respirável no verão e um cobertor mais macio e quente durante o inverno.
- *Abrace os elementos*: considere investir em um ventilador para resfriamento natural e maior circulação de ar se você se sentir confortável com brisas suaves.

- *Considere se, às vezes, você deveria dormir sozinho*: esse tópico pode gerar discussão, mas é essencial fazer sua própria análise dos potenciais benefícios e desvantagens. Muitos mentores de casamento/relacionamento enfatizam a importância de os casais dormirem juntos, sugerindo que dormir separadamente pode sinalizar problemas. No entanto, minha experiência pessoal mostrou o contrário. Por exemplo, quando não sou perturbada pelo ronco do meu parceiro durante a noite, e quando ele não é afetado pela bagunça do meu quarto de pessoa com TDAH e pelas travessuras noturnas, nos damos muito melhor. Optar por dormir separadamente não indica automaticamente problemas de relacionamento; pode significar simplesmente reconhecer que um sono de qualidade leva ao aumento da paciência e da harmonia no relacionamento. Experimente, explore e ajuste seu refúgio do sono até que ele se torne um espaço querido e adequado às suas preferências sensoriais!

Cuidados físicos e de higiene

Abrace práticas adaptativas de autocuidado

Como pessoas autistas, a nossa relação com o nosso corpo pode ser complexa e isso, muitas vezes, se reflete na nossa abordagem ao autocuidado. Por essa razão, muitas vezes nos beneficiamos da construção de adequações aos nossos desafios. Vamos explorar alguns fatores-chave que podem impactar nosso autocuidado relacionado ao corpo.

- *Consciência corporal*: interocepção refere-se a como seu corpo se comunica com sua mente. As lutas de interocepção dificultam o reconhecimento de sensações corporais como sede, fome e necessidade de ir ao banheiro.

- *Funcionamento executivo e demandas*: a manutenção do corpo é um processo contínuo que requer esforço consistente. Desde aparar as unhas até preparar alimentos, essas tarefas podem representar um estresse adicional para pessoas com desafios de funcionamento executivo.

Embora isso crie barreiras adicionais, também são coisas que você pode ajustar, se necessário! Ao construir adequações que atendam a esses desafios específicos, você pode melhorar seu autocuidado. Veja como:

Adaptações interoceptivas

- *Crie uma programação visual*: criar lembretes visuais para fornecer dicas para tarefas como usar o banheiro, beber água e comer é uma ótima maneira de mantê-las em mente.
- *Programe alarmes*: utilize alarmes e *timers* como lembretes para verificar você mesmo, fazer refeições regulares, beber líquidos e usar o banheiro. Como seu corpo nem sempre demonstram sinais de sede e fome, os sinais externos tornam-se essenciais para garantir nutrição e hidratação adequadas. Você pode configurá-los em seu celular se preferir esse método.
- *Tente estabelecer metas*: considere colocar metas para enfrentar os desafios de interocepção. Por exemplo, invista em uma garrafa de água de um litro e estabeleça a meta de esvaziá-la até o final do dia (esse objetivo serve como um lembrete concreto para priorizar a hidratação, o que compensa o fato de você não estar recebendo sinais internos de sede).

Adaptações de funcionamento executivo

- *Lembretes visuais e listas de verificação*: crie lembretes e listas de verificação para tarefas diárias de autocuidado, ou utilize aplicativos como o Timmo para visualizar esse processo.
- *Simplifique as rotinas*: divida as rotinas de autocuidado em etapas menores e gerenciáveis. Utilize instruções visuais ou escritas para orientar cada etapa da rotina. Simplifique as escolhas organizando opções alimentares ou produtos de saúde de forma a reduzir a sobrecarga na tomada de decisões.

Você merece uma rotina de autocuidado que respeite suas necessidades de interocepção e funcionamento executivo. Abrace adequações que nutram o seu bem-estar!

Cuide da higiene pessoal

A higiene pessoal nem sempre é fácil para as pessoas autistas. Devido ao aumento da sensibilidade sensorial, as práticas de higiene diária, como tomar banho, escovar os dentes e cuidar da higiene, podem parecer angustiantes. Quando se trata de higiene pessoal, é fundamental abordá-la com lentes sensoriais. Compreender os gatilhos sensoriais que tornam certas tarefas desconfortáveis permite que você faça um *brainstorming* de adaptações e encontre soluções alternativas.

Esta simples equação pode ajudá-lo a analisar o processo:

Identificar gatilhos sensoriais específicos + Reunir ideias de adaptações personalizadas = Autocuidado eficaz.

Comece identificando os gatilhos sensoriais que criam desconforto. Esses gatilhos podem variar de pessoa para pessoa e podem incluir sensibilidades ao toque, a cheiros, a sons ou outras informações sensoriais. Depois de identificar seus gatilhos sensoriais, a próxima etapa é fazer um *brainstorming* de adaptações personalizadas. Isso envolve explorar diferentes estratégias, produtos ou modificações que podem ajudar a reduzir o desconforto sensorial e tornar a experiência mais tolerável.

Aqui estão alguns exemplos de trocas e adaptações que você pode considerar para acomodar as necessidades sensoriais:

- *Ajustes para o cuidado oral*: explore escovas dentais alternativas, com cerdas mais macias, e experimente diferentes sabores de pasta de dente. Se escovar os dentes for um desafio, pense em utilizar um mordedor de silicone ou uma escova elétrica para obter informações sensoriais adicionais. Considere um *dispenser* de pasta de dente se o contato dela com suas mãos ou a dispraxia for um problema.
- *Banho sensorial*: crie uma experiência de banho sensorial usando toalhas macias ou texturizadas, utilizando um aquecedor portátil para aquecer o ambiente (e minimizar as transições de temperatura). Se o contato da água com seu rosto torna o banho um desafio, considere usar uma touca de banho para impedir um pouco que a água toque seu rosto. O xampu seco pode ser uma alternativa conveniente à lavagem do cabelo com água.
- *Sensibilidade olfativa*: se os cheiros de desodorantes, sabonetes e/ou xampus provocam dores de cabeça ou náuseas, explore alternativas sem produtos químicos, atóxicos ou sem perfume. Diversas opções de produtos de cuidados corporais que priorizam a sensibilidade estão disponíveis, oferecendo formulações sem perfume ou hipoalergênicas. Muitas pessoas com sensibilidade a cheiros se

saem melhor quando mudam para opções mais naturais e sem produtos químicos.

- *Desafios sensoriais na lavagem das mãos*: se as sensações do sabonete tradicional ou dos higienizadores para as mãos são incômodas, experimente diferentes texturas e consistências. Espumas podem oferecer uma experiência mais tolerável. Além disso, explorar alternativas como lenços umedecidos para higienizar as mãos ou géis com ingredientes calmantes pode ser uma opção sensorialmente reconfortante.
- *Sensibilidades nos cuidados com a pele*: muitas pessoas autistas apresentam erupções cutâneas com loções e produtos populares para a pele. Explore opções suaves e sem fragrâncias projetadas especificamente para peles sensíveis. Procure produtos com ingredientes mínimos e considere testar novos produtos em uma pequena área da pele antes de incorporá-los à sua rotina.

Esses exemplos são pontos de partida, pois as experiências e preferências sensoriais de cada pessoa variam, então, faça o que achar melhor para si. Você merece uma rotina de higiene que atenda suas necessidades sensoriais!

Sintonize-se com os sinais do seu corpo por meio de um escaneamento corporal

Uma maneira de cuidar do seu eu físico é fortalecer a conexão com o corpo (isso também é conhecido como consciência interoceptiva). Mesmo que você atualmente tenha dificuldades com a interocepção, ela é como um músculo, pois quanto mais praticar seu uso, mais forte você ficará! Quando você melhora sua consciência corporal, torna-se mais capaz de gerenciar as necessidades do seu corpo e responder às suas emoções. Um exercício que promove o aumento da consciência corporal é o escaneamento do corpo.

Veja como realizar um escaneamento corporal:

1. Encontre um espaço confortável onde possa se concentrar sem distrações;
2. Comece concentrando-se nos dedos dos pés e avaliando suas sensações. Evite julgar ou avaliar essas sensações; em vez disso, utilize descrições neutras como "formigamento", "aperto" ou "relaxado".
3. Gradualmente, escaneie dos pés à cabeça, prestando atenção em cada parte do corpo.
4. À medida que avança na prática do escaneamento corporal, você pode começar a vincular as sensações corporais às suas emoções. Por exemplo, quando você sente raiva, pode notar que seus ombros estão tensos.

Lembre-se de que você está procurando perceber e identificar sinais corporais sem atribuir significado a eles. O objetivo do escaneamento corporal não é julgar ou mudar as sensações que você está experimentando, mas simplesmente cultivar uma atitude curiosa e sem julgamento em relação ao seu corpo. Se as sensações forem difíceis de descrever, tente utilizar outros descritores, como cor (por exemplo, "parece roxo"). Você pode descobrir sua própria linguagem única para expressar sensações corporais, então não hesite em ser criativo e encontrar a linguagem que faz sentido para você!

Inclua a consciência corporal nas atividades diárias

Embora você possa desenvolver a consciência corporal por meio de atividades diretas, como escaneamentos corporais, algumas pessoas podem considerá-las muito intrusivas ou desafiadoras (especialmente se você tiver um histórico de trauma). Para outros indivíduos, adicionar outro exercício à sua rotina diária não parece viável. Se você se enquadra nessas categorias, poderá incorporar construtores de interocepção em suas rotinas.

Os exercícios de interocepção podem ser resumidos nesta simples equação:

Crie uma sensação + Observe-a

O primeiro passo é criar uma sensação – você pode fazer isso criando tensão, por exemplo, contraindo os músculos ou pressionando as mãos. Alternativamente, você pode gerar uma sensação tocando algo macio, frio, quente ou irregular. O segundo passo, "observar", envolve simplesmente direcionar sua atenção para a sensação, de preferência sem julgamento ou avaliação.

Aqui estão duas maneiras de incorporar a interocepção em sua rotina:

1. *Integre construtores interoceptivos nas atividades*: pense em seus rituais diários e identifique aqueles em que você poderia refletir por um momento enquanto os realiza. Por exemplo, ao tomar seu chá ou café da manhã, reserve um momento para sentir o calor da xícara em suas mãos.
2. *Definir alarmes como lembretes*: coloque dois alarmes ao longo do dia. Quando cada alarme disparar, faça uma verificação de interocepção de trinta segundos. Concentre sua atenção em uma sensação corporal específica, como a sensação dos pés no chão ou o ritmo da respiração.

Ao incorporar essas atividades em seu dia, você pode desenvolver a consciência da interocepção sem adicionar uma tarefa árdua à sua lista de tarefas!

Gerencie desafios alimentares: função executiva e dicas sensoriais

A nutrição é um tema complexo para pessoas autistas, pois envolve passar por inúmeros obstáculos, que podem variar de desafios sensoriais a dificuldades de funcionamento executivo, até problemas gastrointestinais e condições concomitantes, como Transtorno de Ingestão Alimentar Restritivo/Evitativo (TARE). Nesta seção, vamos nos concentrar em dicas sobre funcionamento executivo e barreiras sensoriais.

Adequações para funcionamento executivo

Os desafios comuns do funcionamento executivo nessa área incluem desafios de planejamento, organização e gerenciamento de tempo. Podemos ter dificuldade em definir as etapas para preparar uma refeição, organizar todos os ingredientes e ferramentas, adivinhar quanto tempo cada tarefa levará e fazer malabarismos com várias tarefas ao mesmo tempo. Aqui estão algumas adequações a serem consideradas:

- *Estocar refeições pré-preparadas ou congeladas*: mantenha um estoque de refeições pré-preparadas ou congeladas à mão para aqueles dias de baixa energia, quando você não tem vontade de cozinhar.
- *Explore serviços de encomendas periódicas de refeições*: se o orçamento permitir, utilize serviços de encomenda de refeições e ingredientes e refeições pré-preparados, reduzindo as demandas de funcionamento executivo.

- *Divida o planejamento das refeições*: simplifique o planejamento das refeições dividindo-o em etapas: selecione receitas, crie uma lista de compras e defina um cronograma de cozimento. Planejadores visuais ou aplicativos de planejamento de refeições podem ajudar a agilizar ainda mais o processo.
- *Crie uma rotina*: estabelecer uma rotina de refeições consistente, como "terças-feiras de tacos", pode reduzir o cansaço das decisões.
- *Utilize recursos visuais de receitas*: ao cozinhar, procure receitas com instruções ilustradas passo a passo. As instruções visuais tendem a funcionar bem para cérebros autistas, porque fornecem um roteiro visual claro de cada etapa do cozimento.

Adequações sensoriais

As barreiras sensoriais também podem atrapalhar o preparo dos alimentos e as refeições. Aqui estão algumas dicas sensoriais a serem consideradas:

- *Alimentos seguros*: em primeiro lugar, é bom saber quais são os seus "alimentos seguros" – aqueles alimentos que você pode comer mesmo quando ocorre uma sobrecarga sensorial. Certifique-se de mantê-los abastecidos!
- *Ambiente sensorial*: comer pode ser uma experiência bastante sensorial. Portanto, quando você estiver experimentando novos alimentos ou trabalhando para ampliar seus horizontes nutricionais, escolha um ambiente de que não gere ansiedade e favorável aos sentidos. Uma refeição familiar movimentada ou uma cafeteria barulhenta não são os melhores lugares para testar seus limites sensoriais!

- *Preparos ricos em nutrientes*: faça algumas experiências e tente encontrar preparos ricos em nutrientes que você goste (ou possa tolerar). Por exemplo, *smoothies* são um preparo que posso tolerar, então trabalho duro para estabelecer minha nutrição ali. Um dos meus filhos adora tigelas de *smoothie* com coberturas crocantes como granola e coco. Outros podem preferir produtos assados ricos em nutrientes, como *muffins*. Depois de encontrar um preparo que combina com você, concentre-se em expandir sua nutrição nele, ao mesmo tempo em que mantém seus alimentos confiáveis e seguros em espera quando precisar deles. Ter uma fonte rica em nutrientes que você possa tolerar pode aliviar a pressão em outros lugares, permitindo que você volte aos alimentos seguros conforme necessário, garantindo ao mesmo tempo que seu corpo receba alguns dos nutrientes essenciais que merece!

Utilizar dicas como essas para identificar seu funcionamento executivo específico ou barreiras sensoriais e construir adequações em torno delas pode reduzir o estresse e, ao mesmo tempo, nutrir seu corpo.

Suplementação com vitaminas

Devido a sensibilidades sensoriais e alergias alimentares, muitas pessoas autistas têm dietas restritivas. Não há problema em buscar conforto por meio de alimentos e refeições previsíveis. No entanto, isso pode criar alguns desafios para a saúde intestinal e o consumo geral de nutrientes. Na verdade, a pesquisa indica que as pessoas autistas muitas vezes apresentam deficiências em certos minerais e nutrientes. Abordar essas lacunas nutricionais é outra maneira de favorecer o autocuidado físico.

Embora você deva conversar com seu médico, porque as necessidades individuais variam, aqui estão alguns nutrientes que a ciência sugere que podem ser mais baixos em pessoas autistas:

- *Vitamina D*: essencial para a regulação do humor, saúde óssea, função imunológica, força muscular, saúde cognitiva e saúde cardíaca, a vitamina D também pode desempenhar um papel na prevenção do câncer.
- *Ácidos graxos ômega-3*: esses ácidos graxos essenciais são cruciais para a saúde e o funcionamento do cérebro.
- *Magnésio*: o magnésio está envolvido em várias funções corporais, incluindo relaxamento muscular, função nervosa e regulação do sono.
- *Zinco*: o zinco é essencial para a função imunológica, cognição e regulação sensorial.
- *Vitaminas B*: várias vitaminas B, como folato (vitamina B9) e vitamina B12, podem estar mais baixas (ou podemos ter mais dificuldade de absorção). Essas vitaminas são essenciais para a produção de energia e função neurológica.

Você pode ajudar a garantir que seu corpo receba esses e outros nutrientes essenciais procurando alimentos ricos em nutrientes e/ou complementando sua ingestão alimentar com vitaminas de alta qualidade. Novamente, trabalhe com seus médicos – seja um prestador de cuidados primários, nutricionista e/ou naturopata – para descobrir um plano personalizado que você pode seguir.

3

Autocuidado emocional

O mundo que as pessoas autistas habitam não está alinhado com nosso estilo neurológico e de comunicação. Somado a um sistema nervoso aguçado, isso nos torna particularmente vulneráveis a batalhas emocionais. Por essa razão, é especialmente importante que você priorize seu autocuidado emocional, que consiste em qualquer coisa que faça que ajude a desenvolver a consciência emocional e a fortalecer sua resiliência. Neste capítulo, você explorará atividades em várias categorias que o ajudarão a cultivar o autocuidado emocional:

- Gerenciar o esgotamento autista[4]: ao reduzir as demandas emocionais, ao reconhecer os primeiros sinais de esgotamento e ao limpar sua mente você pode recuperar a sensação de controle e lidar com suas emoções com maior empoderamento.
- Estabelecer limites e autodefesa: você pode ajudar na proteção do seu bem-estar emocional estabelecendo limites, desmascarando e defendendo a si mesmo.

---

4 No Brasil, também denominado "*burnout* autista" [N.T.].

- Cultivar a consciência emocional, o conhecimento e a resiliência: simplesmente saber usar as palavras para descrever os seus sentimentos é uma habilidade poderosa que pode ajudá-lo a identificar e a processar suas emoções.
- Regular as emoções: pensar nas habilidades de regulação emocional como sua caixa de ferramentas para gerenciar os sentimentos intensos, de modo que possa trabalhá-los eficazmente. Técnicas como a de nomear suas emoções e se estabilizar mentalmente pode ajudar no ajuste de suas habilidades de regulação emocional.

Apoiando-se nos pontos fortes das pessoas autistas, como uma visão excepcional para os detalhes e reconhecimento de padrões, você pode abordar suas emoções com curiosidade e cuidado.

Esgotamento autista

Priorize o descanso para evitar o esgotamento

Você sabia que o esgotamento (*burnout*) é uma das causas de depressão e suicídio entre pessoas autistas? Sabe qual é uma das causas do *burnout*? Não descansar o suficiente!

As pessoas autistas precisam de muito descanso. De fato, a quantidade enorme necessária pode ser frustrante. Contudo, a outra opção – um esgotamento debilitante – é ainda menos atrativa. Portanto, uma das melhores coisas que você pode fazer pela sua saúde emocional é priorizar o descanso.

Dar prioridade ao descanso pode ser difícil para muitas pessoas, principalmente para as que carregam interiormente a crença de que se deve simplesmente ser capaz de sobrepujar – uma noção frequentemente relacionada a um capacitismo internalizado.

A tendência de querer sempre agradar as pessoas como mecanismo de enfrentamento das diferenças sociais também pode prejudicar sua capacidade de descansar. Nesses casos, superar o capacitismo internalizado é fundamental para desbloquear sua capacidade de descanso.

Além disso, sua concepção de descanso pode ser diferente dos padrões alísticos. Por exemplo, rituais de autocuidado como ir ao salão de beleza, com frequência apreciados por indivíduos alísticos, podem parecer assustadores para você. Esses tipos de atividades são muito estressantes para mim – em vez disso, encontro consolo e restauração ao me envolver com meus interesses, aprendizados e atividades criativas.

Sua ideia de descansar pode envolver ler um livro, ouvir seu *podcast* favorito ou fazer caminhadas na natureza – uma forma de "descanso restaurador". Evite as armadilhas de "descanso barato" – aquelas situações rápidas como assistir programas de TV compulsivamente –, que podem proporcionar uma recompensa passageira, mas deixá-lo mais esgotado.

O pronto principal não é como seu descanso se alinha às normas sociais, mas se ele é capaz de rejuvenescer e restaurar você. Abrace suas distintas formas de descanso e permita que elas o revitalizem.

Envolva-se na desintoxicação sensorial

Quando trabalhei em hospitais e universidades, invariavelmente eu voltava para casa todas as noites envolta em uma fadiga evidente e atormentada por uma febre baixa e persistente. Era um mal-estar intrigante que parecia persistir sem uma causa discernível. Minha epifania ocorreu quando percebi que estava passando por uma sobrecarga sensorial a tal ponto que meu corpo estava interpretando isso como uma doença física. Meu filho autista e eu agora nos referimos a esses momentos como "doença sensorial", quando sentimos o desgaste de um dia altamente sensorial.

Assim que a "doença sensorial" começa, sei que é hora de iniciar minha rotina de desintoxicação sensorial – uma série de atividades calmantes e restauradoras projetadas para recuperar meu equilíbrio. Isso pode incluir tomar um banho quente para se limpar e refrescar, vestir minhas roupas mais confortáveis ou mergulhar em um pufe com um cobertor ponderado enquanto me entrego ao som da minha música estimulante favorita. Também, posso recorrer à minha confiável unidade TENS para obter alívio (unidade TENS é um acrônimo para *Transcutaneous Electrical Nerve Stimulation* [Neuroestimulação Elétrica Transcutânea], que são dispositivos úteis que dão pequenos choques elétricos ou pulsos. Embora sejam utilizados predominantemente para alívio da dor, também funcionam para promover um estímulo sensorial repetitivo). Quando me envolvo nesses rituais, posso sentir o desconforto residual do dia gradualmente se dissolvendo.

Sua desintoxicação sensorial deve ser tão única quanto seu perfil sensorial. Enquanto eu encontro alívio na quietude e no cobertor ponderado, você pode preferir uma caminhada energizante ou música. Explore e identifique o que combina com você e, então, crie seu ritual de desintoxicação sensorial – um refúgio para os dias intensos, de alta atividade sensorial, quando a "doença sensorial" se aproxima.

Identifique os sinais de esgotamento autista

Muitas pessoas autistas enfrentam o *burnout* (esgotamento) autista, que geralmente é causado pelo esforço para atender às expectativas, demandas e ritmo de vida alísticos sem estruturas de suporte adequadas. O esgotamento autista se manifesta como uma fadiga profunda, sensibilidade sensorial aumentada e perda de habilidades, especialmente funções executivas e habilidades de fala. Embora seja diferente da depressão, em geral, acaba culminando nela. Identificar os sinais desse esgotamento é essencial para avaliar seus limites, implementar medidas de autocuidado e buscar suporte quando necessário.

Vamos explorar alguns sinais-chave aos quais você deve estar atento.

- *Fadiga implacável*: exaustão persistente, mesmo após descanso e sono adequados, é um componente-chave do esgotamento autista. Ao lidar com o esgotamento, seu corpo pode se sentir completamente exausto, lutando por energia para completar até mesmo as tarefas mais simples.
- *Sensibilidade sensorial aumentada*: a sensibilidade a estímulos sensoriais – seja ruído, luz, textura ou cheiro – se intensifica durante o esgotamento, amplificando sua suscetibilidade à sobrecarga sensorial, colapsos e desligamentos. Estímulos sensoriais que costumavam parecer administráveis agora podem parecer sufocantes.
- *Declínio das habilidades e funcionamento*: uma queda notável em habilidades como foco, organização, resolução de problemas e fala são outras evidências do esgotamento e torna as interações sociais mais assustadoras.
- *Descontrole emocional*: a desregulação induzida pelo esgotamento nos seus sistemas nervoso e sensorial atrapalha sua capacidade de gerenciar suas emoções, resultando em emoções intensas ou em um entorpecimento emocional.

Ansiedade aumentada, irritabilidade ou sentimentos de sobrecarga são sentimentos comuns durante o *burnout*.

- *Diminuição da tolerância a mudanças*: durante o esgotamento, sua capacidade de absorver e se adaptar às mudanças diminui e você pode buscar conforto na mesmice e na previsibilidade, pois pode se sentir angustiado diante do inesperado.
- *Isolamento social*: o esgotamento pode desencadear um refúgio na solidão e diminuir sua capacidade de se envolver socialmente. Você pode se afastar das interações sociais e perder a motivação para *hobbies* ou atividades que antes gostava.
- *Mascaramento*: o *burnout* pode atrapalhar suas habilidades de mascaramento e pode ser confuso se você não entender o que está acontecendo! Curiosamente, muitos adultos não recebem o diagnóstico de autismo até que estejam em um quadro de esgotamento e tenham perdido a capacidade de mascarar.

Estar em sintonia com esses primeiros sinais de esgotamento autista é essencial para seu engajamento proativo no autocuidado emocional. Quando você começa a perceber esses sinais, entende que é hora de usar suas ferramentas de autocuidado de emergência e/ou pedir o apoio de que precisa. Tente aliviar alguns de seus fardos sempre que possível, abandonando demandas, estabelecendo limites saudáveis e se empenhando na desintoxicação sensorial (utilize os outros tópicos neste livro para ter ideias). Essa abordagem proativa não ajuda apenas a controlar o esgotamento, mas também a prevenir uma espiral descendente para a depressão. Procure esses sinais não como ameaças, mas como lembretes gentis do seu corpo e mente para fazer uma pausa e cuidar de si mesmo.

Abandone as demandas desnecessárias

Conforme explorado no tópico "Identifique os sinais de esgotamento autista", as pessoas autistas são propensas ao esgotamento. Para complicar as coisas, temos uma tendência a não enxergar claramente os limites entre as demandas essenciais e as não essenciais, uma manifestação do nosso padrão de pensamento "tudo ou nada" e inclinação ao perfeccionismo. Muitos de nós tendem a acumular pressões e demandas extras, o que geralmente leva ao esgotamento, à sobrecarga cognitiva, a sentimentos de sobrecarga, estresse e ansiedade. Isso pode se transformar em um ciclo sem fim que leva a uma montanha-russa emocional.

É especialmente importante considerar quais demandas abandonar quando você está em esgotamento. No entanto, sua mente provavelmente fica confusa nessa situação, tornando essa distinção ainda mais desafiadora. Portanto, é benéfico se preparar com antecedência, marcando quais afazeres podem ser abandonados. Ter uma lista pronta de demandas "que podem ser abandonadas" pode ser um salva-vidas em dias de alta sensibilidade ou quando os sinais de esgotamento começam a surgir.

Considere empregar um sistema de semáforo para suas responsabilidades, categorizando as tarefas em atividades verdes, amarelas e vermelhas. Tarefas verdes podem ser deixadas de lado sem ramificações notáveis. As amarelas podem ocasionalmente ser colocadas de lado, dependendo das circunstâncias prevalentes no momento. As vermelhas representam um desafio maior para dispensar, dadas as repercussões potencialmente significativas.

Em nossas casas, por exemplo, um jantar em família é uma "tarefa verde" – uma que pode ser deixada de lado em um dia altamente sensorial. Até mesmo atividades rotineiras, como tomar banho, podem ser adiadas (embora talvez não seja uma boa ideia adiar isso por um período de cinco dias!).

Ao identificar proativamente as demandas que podem ser descartadas, você pode navegar com mais eficiência pelos períodos de *burnout*. Como já terá tomado decisões sobre o que deixar de lado, isso permitirá que você elimine a fadiga de ter que decidir isso e que priorize o seu descanso.

Encontre consolo em histórias familiares

Para pessoas autistas, há um conforto único encontrado nos ritmos familiares de repetição e previsibilidade. É por isso que revisitar seus filmes preferidos ou reler seus livros favoritos pode proporcionar um consolo profundo quando você apresenta sentimentos de sobrecarga, estresse ou ansiedade.

Depois de viajar pelo terreno imprevisível de um mundo alístico, o mundo conhecido de suas narrativas amadas fornece um refúgio reconfortante. Conhecer o curso da história, com seus altos e baixos, transmite uma certeza calmante à sua mente.

Além disso, sejamos honestos: há algo mágico em revisitar uma história amada que você conhece de cabo a rabo. Cada encontro revela nuances previamente esquecidas ou reacende sua afeição inicial pelo conto. É semelhante a passar um tempo com um companheiro de longa data e confiável.

Contudo, o esgotamento ou a superestimulação podem obscurecer suas habilidades de tomada de decisão e até mesmo enevoar sua memória, fazendo com que você tenha dificuldade em lembrar de suas preferências. Para neutralizar isso, elabore uma lista de suas principais escolhas com antecedência para que possa consultá-las facilmente sempre que precisar. Você pode criar uma lista de reprodução de músicas queridas, anotar em seu telefone uma lista de seus programas de TV preferidos ou designar um lugar específico em sua casa para organizar seus livros favoritos de forma que os encontre facilmente quando precisar deles. Dedique algum tempo para compilar um acervo com seus trechos mais queridos, tornando-os facilmente acessíveis. Essa ideia simples pode não parecer importante, mas quando você precisar de apoio o mais rápido possível, ter suas listas já elaboradas ou seus itens em um local de fácil acesso o ajudará a se acalmar muito mais rapidamente.

Liberte-se da desordem emocional com um despejo mental

Mentes neurodivergentes abrigam uma rede intrincada de conexões, associações e atividades incessantes. Esse ruído contínuo pode complicar a tomada de decisões e a conclusão de tarefas, impedir um sono reparador e causar estresse e ansiedade.

Para ajudar a processar esses sentimentos difíceis, considere fazer um "despejo mental". Pense nisso como uma limpeza da sua mente na qual você transcreve para o papel o turbilhão de pensamentos e emoções que estão na sua cabeça. Essa iniciativa libera seu cérebro da percepção da obrigação de se lembrar, permitindo que sua mente se sinta livre e limpa.

Um dos principais benefícios de um despejo mental é o seu potencial para aliviar o estresse e a ansiedade que você pode sentir. O caos rodopiante de ideias e pensamentos pode impedir o foco, mas ao transferir esse caos para o papel, você alivia sua mente, limpa seus caminhos mentais e reduz o estresse. Além disso, esse método permite que você recupere um valioso espaço mental. Essa clareza e amplitude recém-descobertas podem estimular a criatividade, aumentar o foco e promover uma sensação mais profunda de paz e satisfação. Essencialmente, um despejo mental não apenas limpa sua mente, mas também cria um ambiente interno preparado para outros tipos de autocuidado, como descanso, inovação e autorreflexão.

Existem muitas maneiras de tentar um despejo mental. É possível tentar todas e ver qual funciona melhor para você, ou simplesmente pular para aquela que faça mais sentido para si.

Aqui estão várias formas de tentar o despejo mental:

- *Despejo de tarefas*: escreva uma lista de afazeres para organizar sua mente e priorizar tarefas.
- *Despejo de associação livre*: anote *todos* os pensamentos que estão na sua cabeça, mesmo que não estejam conectados uns aos outros.
- *Despejo de ideias*: escreva todas as suas centelhas criativas, sejam elas grandes ou pequenas.
- *Despejo de organização*: elabore um mapa mental ou conceitual para organizar sistematicamente seus pensamentos para uma tarefa ou projeto (cf. o tópico "Mapeie seus pensamentos" neste capítulo para obter mais orientações).
- *Despejo de estresse*: liste todas as coisas que estão estressando você. Isso ajudará a organizar sua mente e a limpar a turbidez dentro da sua cabeça.
- *Despejo de gratidão*: escreva tudo pelo que você é grato. Esse procedimento muda seu foco de pensamentos negativos para aspectos mais positivos da vida.
- *Despejo emocional*: sem julgamento ou análise, anote todas as emoções que você está vivenciando. Esse exercício pode ajudar na obtenção de clareza sobre seu estado emocional e na identificação e liberação de sentimentos reprimidos.

- *Despejo noturno*: se a mente agitada está dificultando seu sono, considere escrever o que estiver em seu cérebro antes de dormir.

Além do alívio do estresse e da ansiedade, os despejos mentais podem ser benéficos para pessoas que enfrentam desafios de funcionamento executivo, especialmente os "AuDHDers" (pessoas autistas com Transtorno do Déficit de Atenção com Hiperatividade [TDAH]). Despejos mentais podem ajudar esses indivíduos com a organização e a visualização de pensamentos, com a priorização de tarefas e com a desconstrução de projetos em etapas gerenciáveis.

Tentar fazer um despejo mental aplicando qualquer método que funcione para você pode ser uma estratégia de autocuidado poderosa para administrar o estresse, limpar sua mente e restaurar seu equilíbrio.

Limites e autodefesa

Rompa com o mascaramento

Você já percebeu que instintivamente adota o sotaque, a linguagem corporal ou o comportamento de outra pessoa durante uma conversa? Esse fenômeno, frequentemente vivenciado por pessoas autistas que utilizam disfarces, nos transforma em camaleões conversacionais.

Muitas pessoas autistas, movidas por um desejo inato de segurança, adaptam-se às diferenças sociais vestindo "máscaras". Nós nos tornamos adeptos de sentir as necessidades dos outros e nos ajustamos para atendê-las. Essa habilidade pode se tornar tão profundamente arraigada que permeia sua linguagem e seus hábitos. Embora seja uma estratégia de sobrevivência inteligente, ela tem desvantagens significativas. O mascaramento autista é comumente associado a níveis elevados de ansiedade e depressão. Além disso, quando você molda consistentemente sua identidade com base nas necessidades dos outros, torna-se desafiador estabelecer seu senso de identidade.

Novamente, o mascaramento está enraizado em uma necessidade inata de segurança. Muitas pessoas autistas negras ou indígenas (BIPOC) estão vagando na dupla camada de mascaramento e troca de código. Para se desmascarar com segurança, primeiro você deve se sentir amparado; portanto, a conversa sobre desmascaramento deve ser sempre mantida dentro na esfera da segurança, especialmente para os mais marginalizados dentro da comunidade autista.

Mesmo quando você está em um ambiente seguro, desaprender comportamentos de mascaramento pode ser um processo desafiador que envolve várias coisas, como:

- *Reconhecer* e confrontar a vergonha;
- *Estabelecer* limites saudáveis;
- *Priorizar* suas próprias necessidades e desejos.

Todavia, antes que você possa se comunicar e estabelecer limites de forma eficaz, é preciso começar em um nível mais fundamental – descobrindo suas preferências! O primeiro passo para se livrar da pele de camaleão é investir tempo na descoberta de seus próprios desejos, vontades e necessidades.

Aqui está uma boa maneira de começar: faça uma checagem de si mesmo uma ou duas vezes ao dia, apenas para se conectar com seus desejos e necessidades atuais. Pergunte a si mesmo: "de que eu preciso agora?" ou "o que eu quero agora?" Por exemplo, durante uma conversa, em vez de se perguntar se a outra pessoa está gostando da conversa ou se você está causando algum constrangimento, inverta a narrativa e pergunte a si mesmo: "estou gostando desta conversa? Quero continuar conversando?"

O primeiro passo para se libertar do mascaramento é aprender a se sintonizar consigo mesmo. Se você passou a vida inteira desvendando as necessidades dos outros, provavelmente tem dificuldade para se sintonizar com seu próprio mundo interior. Depois de ter clareza sobre suas necessidades e desejos, você pode começar a definir limites e a se comunicar de forma assertiva (cf. a seção "Descubra o poder da autodefesa" neste capítulo para mais informações sobre esse assunto).

Esteja atento para estender gentileza e compaixão a si mesmo durante essa jornada de desmascaramento. É natural se sentir inseguro ou desconfortável ao explorar seu verdadeiro eu e desaprender comportamentos habituais de mascaramento. Reconheça que esse processo não é sobre forçar a mudança, mas sim sobre permitir gentilmente que a autenticidade venha à tona em seu próprio ritmo. Comemore as pequenas vitórias e não desanime com os contratempos. Lembre-se de que você não está sozinho; muitas pessoas autistas estão trilhando esse caminho ao seu lado. Compartilhar suas experiências com comunidades de apoio pode proporcionar um senso compartilhado de camaradagem e compreensão. Mais do que isso, lembre-se de que cada passo que você dá em direção à autenticidade é uma prova de sua força e resiliência.

Descubra o poder da autodefesa

O conceito de autodefesa pode parecer assustador para você, mas pode ser tão simples quanto solicitar um assento diferente ou buscar esclarecimentos sobre uma questão intrigante. Basicamente, a autodefesa envolve expressar suas necessidades. Como um indivíduo autista, muitas vezes cabe a você solicitar as acomodações que viabilizam seu funcionamento ideal em um mundo tipicamente adaptado às necessidades de mentes e corpos alísticos.

O processo de autodefesa pode ser simplificado mantendo a seguinte equação em mente:

Autorrevelação + Solicitação = Autodefesa

A autodefesa frequentemente implica entrelaçar uma revelação sobre uma necessidade específica com uma solicitação específica. Embora a parte da revelação nem sempre seja necessária, é essa combinação que a transforma em um poderoso ato de autodefesa.

Por exemplo, recentemente me vi sentada em um restaurante em uma mesa metálica sob uma luz artificial ofuscante. O odor metálico provou ser insuportável. Perguntei ao garçom se eu poderia me mudar de lugar, explicando: "tenho sensibilidade sensorial, e o aroma metálico está me deixando enjoada. Será que eu poderia mudar para uma mesa de madeira?" O garçom gentilmente concordou e eu me vi em um lugar confortável, com iluminação natural e uma mesa de madeira.

Vejamos mais alguns exemplos da equação de autodefesa em ação:

- "Tenho particularidades no processamento auditivo, o que dificulta minha audição em ambientes barulhentos. Podemos continuar nossa conversa lá fora?"
- "Eu progrido muito quando há comunicação direta. Você se importaria em elaborar seu *feedback* para que eu possa compreender como melhorar?"

É fundamental lembrar que se expressar completamente não é um pré-requisito para a autodefesa. A autorrevelação parcial, como mencionar "particularidades sensoriais", "dificuldades no processamento auditivo" ou "preferência por comunicação direta" é completamente aceitável. Ainda, você pode simplesmente solicitar o que precisa sem nenhuma explicação. Articular suas necessidades específicas e fazer uma solicitação é uma autodefesa especialmente assertiva e eficaz.

Eventualmente, anotar um roteiro rápido com antecedência pode tornar a interação mais tranquila. Para praticar, reflita sobre a semana passada, identificando situações em que acomodações teriam sido benéficas. Utilizando a equação de autodefesa, crie roteiros para esses cenários ou considere experiências comuns que você tem e escreva roteiros de autodefesa para elas. Pratique-os em voz alta e mantenha em mente qual é o seu nível de conforto para se autorrevelar, modificando os roteiros conforme necessário.

A autodefesa é uma habilidade poderosa e, como qualquer outra, pode ser aprimorada com a prática. Não se repreenda se tropeçar em suas tentativas iniciais. Além disso, infelizmente, haverá situações em que você poderá enfrentar resistência ou mal-entendidos. Essas reações geralmente são decorrentes da falta de conhecimento sobre neurodivergência e não refletem seu valor ou a validade de sua solicitação. Ao se deparar com essas respostas, reafirme seu valor e lembre-se de que você merece as adequações que lhe permitam interagir com o mundo. Pode ser útil ter um amigo solidário ou um mentor com quem você possa discutir e criar estratégias para situações futuras. Com o tempo, você notará que a autodefesa se tornará mais natural e os obstáculos, menos assustadores.

Desmantele os estereótipos sobre o autismo

Promover seus direitos e afirmar suas necessidades pode ser desafiador devido à desinformação e aos estereótipos generalizados associados ao autismo. Expor seu autismo pode, às vezes, dar espaço ao ceticismo, à invalidação e ao questionamento – além disso, frequentemente envolve também ter que fornecer aos outros uma educação ampla sobre o autismo, o que aumenta sua carga emocional.

Vamos abordar alguns estereótipos e equívocos comuns. Você pode utilizar essas ideias em suas conversas do dia a dia para dissipar mitos e de defender:

- *Empatia*: embora algumas pessoas autistas tenham níveis mais baixos de empatia, estudos mostram que isso geralmente está relacionado a uma condição denominada alexitimia (uma condição que causa dificuldade em reconhecer e nomear emoções). Ser autista não significa que não temos empatia. Muito pelo contrário, muitos de nós temos muita empatia e uma profunda capacidade de compreender e compartilhar emoções.
- *Indelicadeza*: caracterizada pela honestidade, autenticidade e franqueza, a comunicação autista pode ser percebida como rude por algumas pessoas alísticas. No entanto, essa percepção é uma interpretação cultural. De fato, pode-se argumentar que o *feedback* direto é mais respeitoso do que alternativas passivo-agressivas.
- *Contato visual*: há uma crença de que pessoas autistas "não conseguem" fazer contato visual. Muitas pessoas autistas acham o contato visual prolongado desconfortável e estudos de neuroimagem mostraram que ocorre uma ativação

aumentada da amígdala durante tais interações, indicando que nosso centro de medo fica mais ativado, tornando o contato visual prolongado uma experiência mais estressante e emocionalmente carregada, mas não é uma impossibilidade física.

- *Habilidades de conversação*: envolver-se em conversas recíprocas, especialmente as casuais, pode ser desafiador para muitas pessoas autistas. No entanto, esse desconforto tende a diminuir ao discutir áreas de interesse ou ao interagir com outras pessoas autistas. Portanto, o contexto e o tópico são contribuintes significativos para nossas capacidades de conversação.
- *Relacionamentos e sexualidade*: pessoas autistas se distribuem em um espectro diverso de inclinações sexuais e românticas. Muitos de nós formamos parcerias de longo prazo, temos filhos e construímos famílias, ressaltando a diversidade e a riqueza de nossas experiências.
- *Agressão*: ferir os outros não é uma característica comum associada ao autismo – na verdade, a maioria de nós tem maior probabilidade de ferir a si mesmos do que machucar os outros. Casos de ferir agressão, como tiroteios em massa, geralmente envolvem condições coexistentes ou influências externas. Colapsos, que podem resultar em agressão, geralmente ocorrem quando tentativas de comunicação por outros meios foram descartadas. É crucial reconhecer as causas raízes e os gatilhos de tais comportamentos.
- *Experiência emocional*: a alexitimia, se presente, pode tornar a identificação e a expressão de emoções desafiadoras para algumas pessoas autistas. No entanto, muitos de nós abrigamos vidas interiores intrincadas e profundamente

emocionais. Nossas maneiras únicas de expressar e vivenciar emoções podem diferir dos padrões neuronormativos, mas nossas experiências emocionais são profundas e impactantes.

- *Inteligência*: pessoas autistas se distribuem em todo o espectro intelectual, de modo semelhante aos indivíduos alísticos. O estereótipo de falta de inteligência é frequentemente alimentado pela prevalência de deficiências intelectuais coexistentes entre pessoas autistas diagnosticadas. Por outro lado, as representações da mídia de pessoas autistas como gênios ou sábios perpetuaram o equívoco de que somos todos extraordinariamente inteligentes. Na verdade, exibimos uma ampla gama de capacidades intelectuais.

Ao desmantelar os estereótipos do autismo, você pode ajudar a estabelecer as bases para um mundo que reconheça as diversas experiências de pessoas autistas.

Gerencie a hiperempatia

Assim como uma pessoa autista pode ser hiper ou hipossensível a experiências sensoriais, ela também pode ser hipoempática (ter dificuldade em acessar emoções de empatia) ou hiperempática (ter maior sensibilidade à dor dos outros).

Pessoas hiperempáticas são profundamente impactadas pela energia e emoções daqueles ao seu redor. Além disso, elas são hipersensíveis ao sofrimento no mundo. Elas absorvem e são profundamente afetadas pela atmosfera emocional. Essa também é minha experiência, e eu frequentemente uso a metáfora de que é como se eu tivesse uma pele porosa – cheia de buracos que permitem que tudo entre. Minha pele frequentemente falha em me proteger do mundo. Ela falha em manter fora o fluxo constante de informações. Nós, que vivemos com uma "pele porosa", somos cronicamente bombardeados com as emoções e energia das pessoas ao nosso redor.

Para compensar, eu crio uma "pele artificial". Minhas rotinas, interesses particulares, repetições, rituais, limites e decisões deliberadas criam uma barreira cuidadosamente construída. Essa pele artificial fornece uma camada adicional de proteção. Se você também absorve as emoções ao seu redor, considere as seguintes maneiras de criar sua pele artificial e proteger seu eu "poroso":

- *Implemente rotinas e rituais*: estabeleça rotinas consistentes e envolva-se em rituais que lhe tragam conforto e estabilidade. Eles podem fornecer uma sensação de aterramento e ajudá-lo a regular a entrada emocional angustiante.
- *Envolva-se com seus interesses*: mergulhe em seus interesses como uma forma de refúgio. Ficar imerso em atividades ou tópicos que cativem sua atenção pode criar um escudo contra a intensidade emocional dos outros e ajudar sua mente a se desvencilhar do sofrimento do mundo.
- *Escolha sua companhia com sabedoria*: passe tempo com pessoas cuja energia influencia você positivamente, pois suas emoções podem impactá-lo significativamente.
- *Estabeleça limites saudáveis*: defina e mantenha limites para proteger seu bem-estar emocional. Priorize suas necessidades e limite as demandas emocionais.
- *Gerencie seu consumo de notícias*: esteja atento às notícias às quais você se expõe e considere adicionar filtros para proteger seu sistema nervoso, pois notícias dolorosas podem facilmente aprisioná-lo. A combinação de hiperempatia e hiperfixação pode tornar os ciclos de notícias particularmente dolorosos

para pessoas autistas. Seja atencioso e deliberado ao gerenciar seu consumo de notícias e mídias sociais.

- *Tenha rituais de liberação*: seja recorrendo a práticas de atenção plena ou espirituais, encontre maneiras de liberar o peso da dor do mundo. Por exemplo, no final do dia, visualize a liberação da dor que você absorveu ao longo do dia para um poder superior, um espírito, ao inconsciente coletivo ou apenas para o ar.
- *Adote ações*: a mistura de hiperempatia e desempoderamento pode ser desafiadora. Redirecione sua energia para áreas nas quais você pode efetuar mudanças positivas. Seja sua paixão por esforços antirracistas, apoio aos direitos LGBTQIA+ ou ações ambientais, canalize sua empatia para uma ação significativa.

Ao criar conscientemente essa "pele artificial", você pode se proteger dos efeitos negativos da absorção de energia. Em vez disso, use sua empatia natural para criar o bem no mundo!

Reduza o pedido de desculpas automático

Você costuma se desculpar, mesmo quando outros esbarram em você ou quando está simplesmente pedindo esclarecimentos? Esse pedido de desculpas automático se manifesta em todas as áreas da sua vida? Muitas pessoas autistas tendem a se desculpar excessivamente. É como se nos sentíssemos compelidos a nos desculpar por nossa mera existência.

Antes de perceber que eu era autista e abordar conscientemente essa questão, eu me vi pedindo desculpas incessantemente. Eu sentia uma necessidade constante de justificar minha existência sendo excessivamente complacente. Sempre que minha presença parecia causar algum inconveniente, independentemente de ter culpa ou não, um pedido de desculpas surgia. Devido aos nossos esforços para nos encaixar em uma sociedade neurotípica e à vergonha que sentimos quando não conseguimos fazer isso, muitos de nós nos acostumamos a nos desculpar por simplesmente ocupar espaço.

Embora seja importante expressar arrependimento quando você realmente machuca alguém ou erra, pedir desculpas contínua e simplesmente por existir precisa ser reavaliado. Esse comportamento automático reforça uma autonarrativa negativa de ser um fardo ou um inconveniente, levando a sentimentos de vergonha neurodivergente e baixa autoestima, prejudicando nossa saúde emocional.

Para se libertar do reflexo de pedir desculpas, tente uma resposta diferente. Da próxima vez que alguém esbarrar em você inadvertidamente (ou o inverso), use frases como "Sinto muito" ou "Perdão" ao invés de dizer automaticamente "Desculpe-me". Ajustar sua linguagem ajuda você a se afastar da autodepreciação constante e promove um senso de si mais afirmativo. Com o tempo, você pode aprender a parar de se desculpar por tudo e começar a cultivar uma autoimagem mais positiva e confiante.

Liberte-se de relacionamentos tóxicos

Considerando que muitas pessoas autistas são inerentemente confiáveis, em associação a uma tendência de querer agradar as pessoas, podemos ser particularmente vulneráveis à manipulação social. Isso, combinado à dificuldade de decifrar intenções ocultas e comportamentos manipuladores, aumenta ainda mais o risco de entrar em um relacionamento tóxico.

Relacionamentos tóxicos são caracterizados por afeição inconsistente, uma montanha-russa de altos e baixos emocionais e são prejudiciais à psique de uma pessoa. Esse ciclo confuso, mesmo que doloroso às vezes, pode parecer viciante e difícil de escapar. Reconhecer esses padrões e seu impacto em sua saúde emocional é fundamental. Ao avaliar um relacionamento, concentre-se em como ele faz você se sentir.

Reflita sobre o seguinte:

- Há casos recorrentes de crítica, manipulação ou controle?
- Esse relacionamento traz sentimentos de insegurança, ansiedade ou de dúvidas sobre meu próprio valor?
- Eu me sinto confortável e seguro com essa pessoa?
- Essa pessoa me critica ou ridiculariza abertamente?
- Eu me sinto manipulado por essa pessoa?
- Essa pessoa usa a afeição como uma tática de controle?
- Essa pessoa tenta me controlar?

Escolher se distanciar de um relacionamento tóxico é difícil, mas você consegue. Primeiro, certifique-se de que está fisicamente seguro. Então, comece a limitar suas interações com o indivíduo. Considere pedir auxílio a amigos e familiares confiáveis ou a um profissional. Cultivar uma rede de apoio pode elevar a confiança e promover o equilíbrio emocional durante essa transição.

Traçar limites e se libertar de laços tóxicos não são apenas atos ousados de autoproteção – são afirmações poderosas de seu valor intrínseco.

Consciência emocional, conhecimento e resiliência

Mapeie seus pensamentos

Mapear seus pensamentos pode ser uma maneira poderosa de aumentar a autoconsciência emocional e organizar seu pensamento. O mapeamento de pensamentos vai além de um simples despejo mental (conforme discutido neste capítulo na seção "Liberte-se da desordem emocional com um despejo mental"). Essa técnica visa tornar visíveis as conexões, os vínculos e os padrões entre seus pensamentos.

O cérebro autista pensa naturalmente em associações e padrões, e é por isso que responder a perguntas às vezes pode parecer uma maratona! Nossos cérebros querem fornecer todo o contexto e descrever todas as associações. Muitas vezes percebemos as interconexões e padrões, criando uma rede sofisticada e intrincada dentro de nossas mentes, muito parecida com uma página da Wikipedia, conforme descrito de forma incisivamente pela comediante autista Hannah Gadsby.

Métodos tradicionais de resolução de problemas, como listas de prós e contras ou estratégias compartimentadas, podem não se adequar ao estilo associativo do seu cérebro. O mapeamento de pensamentos, um método que permite visualizar conexões entre ideias, pode ser uma ótima alternativa. O mapeamento de pensamentos permite que você ilustre as relações entre ideias, sentimentos e questões, um benefício para a consciência emocional.

Quer você esteja fazendo um brainstorming *para um projeto, resolvendo um problema ou delineando um plano de vida, aqui está como começar*:

1. Comece *anotando* seu tema central ou problema no meio de uma folha. Circule-o para destacá-lo;
2. Depois, *identifique* subtemas ou fatores que contribuem para o tema principal ou problema. Se seu problema central é o estresse, por exemplo, subcategorias podem incluir estresse com a escola, com relacionamentos ou com o trabalho;

3. *Conecte* cada subcategoria ao círculo central com linhas, criando uma rede de tópicos relacionados;
4. Aprofunde-se adicionando mais bolhas a cada subcategoria. Por exemplo, em "estresse com a escola", você pode *apontar especificamente* problemas como um artigo de pesquisa difícil;
5. Continue *expandindo* seu mapa, ramificando e formando associações à medida que avança;
6. *Reflita* sobre seu mapa mental concluído. Reserve um tempo para observar os problemas e padrões interconectados que surgiram. Essa é uma chance de ter ideias, descobrir novas perspectivas e encontrar soluções potenciais. Anote quaisquer revelações ou ideias que surjam durante esse processo reflexivo. Esta etapa é fundamental para aumentar a consciência emocional e entender seus padrões de pensamento.

Os mapas mentais não servem apenas para resolver problemas, pois eles são ótimos também para destacar pontos positivos, como seus valores, identidades e coisas pelas quais você é grato. A beleza de um mapa mental é sua flexibilidade – você pode colocar qualquer coisa no centro!

Escolher um mapa mental em vez de uma lista linear pode mudar o jogo para pensadores associativos e para mentes com tendência visual. Traduzir seus pensamentos no papel não ajuda somente a aumentar a consciência emocional, mas também, ao externalizar os pensamentos da sua mente, ele alivia o seu estresse.

Compreenda as emoções difíceis

Quando eu estava no meu primeiro ano de estágio para me tornar psicóloga, uma das habilidades que aprendemos foi identificar e rotular as emoções de outras pessoas. Observei meus colegas de classe dominando suavemente esses exercícios de reflexão emocional enquanto eu olhava para uma longa lista de palavras ligadas às emoções, lutando para saber o que fazer com elas! Não pude deixar de me perguntar por que esses exercícios pareciam tão difíceis para mim.

Foi só quando descobri que era autista que meu relacionamento complexo com as emoções começou a fazer sentido. Sempre entendi minha paisagem interna por meio de conceitos, ideias, análises e imagens. Em contraste, o reino das emoções parecia uma paisagem alienígena. Cerca de metade das pessoas autistas lutam contra a alexitimia, uma condição que causa dificuldade em reconhecer e nomear emoções.

Se você não consegue definir o que está sentindo, aumentar sua consciência emocional e sua resiliência se torna uma tarefa difícil. Essa opacidade emocional pode prejudicar sua capacidade de regular emoções, entender suas necessidades e desejos, conectar-se emocionalmente com os outros e até mesmo se conectar consigo mesmo. É por isso que promover a consciência e a alfabetização emocional é essencial.

Aqui estão algumas práticas para ajudar você a ampliar a consciência e a alfabetização emocional quando as emoções parecerem indescritíveis:

- *Visualize*: com frequência, mentes autistas dependem muito do processamento visual. Procure ferramentas *on-line*, como uma matriz de emoções, uma roda ou uma lista de sentimentos, que podem ajudar a converter emoções abstratas em conceitos visuais concretos. Você pode baixar várias delas gratuitamente em neurodivergentinsights.com.
- *Leia*: a ficção pode propiciar ideias valiosas sobre as emoções. Autores nos proporcionam janelas para as paisagens

emocionais dos personagens, decodificando emoções, intenções e motivações – aumentando, assim, a compreensão emocional.

- *Envolva-se com música ou estímulos fotográficos*: estímulos como música e fotos podem desencadear fortes respostas emocionais. Utilize-os para promover o mergulho mais profundo em suas emoções e aumentar sua consciência emocional.
- *Diário para consciência emocional*: o diário fornece uma avenida para acessar seu mundo interior de maneiras que a linguagem falada geralmente não consegue. Ao produzir um diário para identificar e explorar suas emoções, você pode aumentar sua consciência sobre elas. Ainda, você pode encontrar padrões e identificar temas comuns, gatilhos, entre outros.

O mundo das emoções pode parecer confuso e desorientador, mas, com prática, intencionalidade e persistência, você achará mais fácil navegar. No entanto, cultivar a consciência emocional não é uma tarefa que pode ser feita da noite para o dia – é uma jornada. Em alguns dias, pode parecer que você está fazendo grandes avanços, ao passo que, em outros, pode parecer que está de volta à estaca zero. Tudo bem. Paciência e persistência são suas aliadas nesse processo. Com o tempo, você notará padrões, terá ideias e compreenderá a si mesmo em um nível mais profundo. Comemore cada pequena vitória ao longo do caminho – cada momento de consciência é um passo nessa jornada de alfabetização emocional. Desenvolver a consciência e alfabetização emocional não apenas desbloqueia uma autodescoberta profunda, mas também inaugura uma compreensão mais rica do mundo.

Pratique a gratidão

Sempre fui sensível a experiências nas quais parece que alguém está tentando manipular uma resposta emocional minha, como ocorre com palestrantes motivacionais. É por isso que eu costumava ser um pouco cética em relação a coisas como práticas de gratidão, pois pareciam uma forma de automanipulação. No entanto, minha perspectiva mudou quando aprendi a neurociência por trás disso e percebi que meu ceticismo não tinha justificativa. As práticas de gratidão não são sobre manipular a si mesmo para sentir algo que não é real. Em vez disso, elas preparam seu cérebro para estar atento às coisas em sua vida que realmente lhe trazem alegria, conexão, significado e gratidão. Elas ajudam a equilibrar seu cérebro e a corrigir seu viés de confirmação.

Seu cérebro é naturalmente programado para buscar certos aspectos do seu ambiente. Então, por exemplo, se você está deprimido, sua mente tem uma tendência a se concentrar em pensamentos negativos sobre você, o mundo e o futuro. Seu cérebro está essencialmente filtrando qualquer coisa que vá contra sua depressão e focando diretamente no que é negativo.

Muitas pessoas autistas são predispostas a ver a vida através de uma lente mais ansiosa ou depressiva, e cultivar a gratidão pode neutralizar esse viés de confirmação. Ao incorporar a gratidão em sua vida, você fornece um contrapeso, permitindo que mude seu foco e busque ativamente momentos de bondade em meio aos desafios da vida. Em vez de bloquear a realidade de sua experiência, as práticas de gratidão oferecem uma perspectiva mais ampla e ajudam você a apreciar os aspectos positivos que podem ser facilmente esquecidos. Começar uma prática de gratidão não precisa ser um esforço desgastante.

Aqui estão três maneiras simples de incorporar a gratidão em sua vida:

1. *Pense em três coisas boas*: no final de cada dia, liste três coisas boas que aconteceram. Elas podem ser tão simples quanto um lindo pôr do sol que você viu, uma interação agradável, algo delicioso que comeu ou algo que você fez e de que se orgulha.
2. *Faça uma revisão diária*: repita as três coisas boas do dia após identificá-las. Com o tempo, seu cérebro começará a procurar ativamente momentos semelhantes ao longo do dia.
3. Publique lembretes de gratidão: coloque lembretes visuais, como notas adesivas, em seu ambiente como um incentivo para que você pare e reflita sobre algo pelo que você é grato.

Essas práticas gradualmente reconectam seu cérebro, expandindo sua capacidade de perceber e apreciar os aspectos positivos da vida. Começar uma prática de gratidão é um esforço intencional para recalibrar seus padrões de pensamento e cultivar uma perspectiva mais equilibrada para que você possa apreciar mais plenamente os aspectos positivos da vida.

Repita as afirmações de autocompaixão

A autocompaixão não vem facilmente para muitas pessoas autistas, pois ela pode parecer abstrata, potencialmente manipuladora ou, como conceito, simplesmente confuso. Essa batalha é particularmente proeminente se você disfarçar, pois, muitas vezes, abriga um crítico interno implacável cujo objetivo é defendê-lo de uma possível humilhação. Seu crítico interno está tentando protegê-lo da vergonha que sente de outras pessoas, vencendo-as. Essencialmente, ele tenta protegê-lo da repreensão dos outros por meio da autovergonha antes que eles tenham a chance.

Como esse crítico interno atua como um guardião e uma fonte de dor, pode ser intimidador tentar silenciá-lo – pode parecer tentar silenciar um cachorro latindo que pode estar alertando você sobre um perigo iminente. Tentar silenciar essa força protetora pode evocar uma sensação de ameaça, tornando a autocompaixão um esforço complexo!

Se você acha essa luta identificável, considere integrar declarações de autocompaixão que o vinculem à experiência humana mais ampla e enfatizem a autossintonia. Fique longe de declarações excessivamente sentimentais de autocompaixão que podem incitar um conflito com seu crítico interno ou com a sua máscara autista, que busca a aprovação de pessoas alísticas. Até que você enfrente a vergonha neurodivergente internalizada e o capacitismo, executar exercícios de autocompaixão pode desencadear uma batalha interna feroz!

Por exemplo, acho afirmações como "sou livre para desconsiderar os julgamentos dos outros", "sou merecedor de gentileza e compaixão" e "sou digno de amor e aceitação" particularmente desafiadoras de aderir (o que suspeito ser, em grande parte, devido às minhas experiências em uma sociedade capacitista e à minha aversão à linguagem excessivamente emocional). Em vez disso, recorro a afirmações de autocompaixão que se concentram mais em reconhecer minha experiência e desconforto imediatos. Essa é uma maneira de autoajuste radical por meio da qual estou gentilmente presente com o momento angustiante que me confronta.

Aqui estão algumas afirmações de autocompaixão mais equilibradas que considero mais fáceis de adotar.

Se a autocompaixão for desafiadora para você, tente repetir afirmações leves como estas:

- Este é um momento difícil. Isto é doloroso.
- Eu não estou sozinho nisto. Outros já se sentiram assim antes.
- Eu sou humano e não tem problema me sentir do jeito que me sinto.
- Não tem problema sentir o que estou sentindo agora.
- Eu confio na minha capacidade de crescer e aprender com esta experiência.
- Eu vou superar isso. Já enfrentei momentos difíceis antes e sobrevivi.
- Estou fazendo o que posso com o que tenho agora, e isso é o suficiente.

Você estará praticando uma forma poderosa de autocompaixão quando se sintonizar consigo mesmo durante momentos dolorosos e simplesmente reconhecer a dificuldade deles.

Regulação emocional

Nomeie suas emoções

Gerenciar e regular as emoções pode ser desafiador para pessoas autistas. A sobrecarga sensorial, o sistema nervoso aguçado e outros fatores podem tornar a regulação das emoções mais desgastante. Muitas vezes, temos dificuldade em manter nossas emoções dentro de um limite tolerável no qual podemos efetivamente lidar com elas. No entanto, uma prática simples, mas poderosa, pode ajudar: nomear suas emoções.

Pesquisas têm mostrado que nomear suas emoções em tempo real pode ajudá-lo a se acalmar. Um estudo recente mostrou como isso funciona: os participantes (todos eles tinham medo de aranhas) foram divididos em dois grupos, expostos a uma aranha viva e receberam instruções diferentes. O grupo que foi instruído a apenas reconhecer sua experiência emocional, declarando suas emoções, teve melhorias mais significativas. Ao identificar seus sentimentos, eles foram capazes de regular sua ansiedade e progredir no enfrentamento de seu medo.

Nomear as emoções tem um impacto direto em seu cérebro. Essa ação ativa o córtex pré-frontal, que desempenha um papel crucial na regulação emocional. Essa ativação ajuda a acalmar a amígdala e o sistema límbico, reduzindo a intensidade das respostas emocionais. Praticar a nomeação de emoções é uma ferramenta inestimável para cultivar resiliência, particularmente para pessoas autistas, que frequentemente lutam com a identificação de emoções devido à alexitimia. Nossa dificuldade em reconhecer emoções contribui para o aumento da ansiedade e do estresse. Podemos melhorar essa habilidade ao nos envolvermos intencionalmente em práticas de nomeação de emoções.

Aqui estão algumas práticas que podem ajudar a melhorar a nomeação das emoções:

- *Desenvolva a consciência emocional*: reserve um tempo para observar sensações físicas, os pensamentos e os comportamentos ligados a diferentes emoções. Além disso, considere incorporar técnicas de construção de interocepção para ajudá-lo a reconhecer padrões que indiquem estados emocionais específicos (cf., no capítulo 2, as seções "Sintonize-se com os sinais do seu corpo por meio de um escaneamento corporal" e "Inclua a consciência corporal nas atividades diárias").

- *Utilize recursos visuais*: recursos visuais, como a matriz das emoções e a roda dos sentimentos, podem ajudar você a nomear as emoções. Essas listas de palavras codificadas por cores podem fornecer o vocabulário para identificar seus sentimentos.
- *Acompanhe seu humor*: utilizar uma planilha ou um aplicativo de monitoramento de humor pode ajudar você a se tornar mais consciente de suas emoções e perceber tendências.
- *Pratique a atenção plena*: cultive a atenção plena para aumentar sua consciência das emoções no momento presente. A atenção plena pode ajudar você a desenvolver uma compreensão mais clara do seu cenário emocional (cf. a seção "Resista à evitação emocional e siga em direção à aceitação", neste capítulo 3, para mais informações).
- *Diário*: escreva em um diário para que possa refletir sobre suas experiências, anotando os momentos em que você experimenta várias emoções e descrevendo as sensações associadas. Essa prática aprimora suas habilidades de sintonia emocional e melhora sua capacidade de nomear e entender seus sentimentos com precisão.
- *Busque apoio social*: converse com amigos ou familiares de confiança que possam fornecer um espaço de compreensão para discutir emoções. Compartilhar experiências emocionais e buscar um *feedback* pode melhorar sua compreensão emocional e suas habilidades de nomeação de emoções.

- *Fale com um terapeuta*: um terapeuta pode ajudar você a processar emoções de forma a aumentar sua percepção emocional e consciência de sua paisagem emocional.

Ao incorporar práticas de nomeação de emoções em sua vida diária, você pode construir resiliência emocional enquanto ganha uma compreensão mais profunda de suas emoções.

Diferencie ansiedade de sobrecarga sensorial

Uma das habilidades cruciais que podem ajudar pessoas autistas a melhorar a regulação emocional é reconhecer a diferença entre emoções e sobrecarga sensorial. Descobrir o que está causando sua angústia e desconforto é como desatar um nó. Se você puder compreender se seus sentimentos estão enraizados em seus pensamentos e emoções internos ou se são desencadeados por estímulos sensoriais externos, você pode ter ideias sobre como regular melhor seu sistema nervoso.

Por exemplo, percorrer uma escola ou loja pode ser uma experiência desafiadora, com luzes brilhantes, ruídos altos e espaços lotados bombardeando seus sentidos. Você pode se sentir sobrecarregado e agitado. No entanto, é útil distinguir essa sobrecarga sensorial da ansiedade, do medo, da tristeza ou da raiva que você pode sentir em resposta a situações ou pensamentos específicos.

A sobrecarga sensorial ocorre quando seus sentidos são inundados com estímulos externos, levando à agitação e ao desconforto intensos. Em alguns casos, pode se assemelhar à ansiedade e pode contribuir para explosões de raiva e desregulação emocional, dificultando a diferenciação entre as duas experiências.

Para diferenciar a sobrecarga sensorial e a ansiedade, preste atenção aos gatilhos e sensações físicas:

- Se sua angústia é, principalmente, decorrente de *estímulos externos*, como ruídos altos, luzes brilhantes ou ambientes lotados, é provável que seja resultado de uma sobrecarga sensorial;
- Se sua angústia é provocada, sobretudo, por *questões internas*, como pensamentos, preocupações ou gatilhos emocionais, isso é um indicativo de ansiedade ou outras experiências com origem nas emoções.

Ao desenvolver essa consciência, você pode encontrar as práticas de autocuidado certas para navegar tanto em suas experiências emocionais quanto na sobrecarga sensorial. Para a sobrecarga sensorial, você pode utilizar bloqueadores sensoriais – ferramentas ou técnicas que ajudam a reduzir a estimulação sensorial, como fones de ouvido com cancelamento de ruído ou óculos de sol – e fazer pausas sensoriais para dar uma chance ao seu sistema nervoso de se acalmar. Quando se trata de suas emoções, você pode empregar técnicas de regulação emocional.

Outra distinção indispensável é aprender a diferença entre ansiedade (que é emocional) e pânico sensorial. Conforme explica o Dr. Jonathan Dalton, psicólogo licenciado, fundador e diretor do Center for Anxiety and Behavioral Change, a ansiedade envolve o medo de possíveis eventos futuros impulsionado por pensamentos (questões internas), ao passo que o pânico é o medo de uma situação que sabidamente causará uma sobrecarga sensorial. Por exemplo, você pode sentir pânico sensorial ao antecipar visitas ao shopping, ao dentista ou ao supermercado, pois sabe que esses ambientes provavelmente te causarão uma sobrecarga sensorial.

Tanto a ansiedade quanto o pânico sensorial podem fazer com que você evite certas situações. O pânico sensorial pode levar você a evitar situações conhecidas intensas em estímulos sensoriais. Em contraste, a ansiedade pode levar você a evitar se encontrar com um amigo ou ir a uma entrevista de emprego devido ao medo de um possível constrangimento ou julgamento negativo.

Quando se deparar com o pânico sensorial, pode ser útil ter se preparado com antecedência, utilizando bloqueadores sensoriais, tendo um plano de escape para fazer pausas sensoriais e limitando a quantidade de tarefas altamente sensoriais no seu dia. Para a ansiedade, você pode tentar se desligar de pensamentos inúteis, praticar técnicas de relaxamento e desafiar os padrões de evitação.

Entender as diferenças entre suas emoções e sobrecarga sensorial permite que você responda com maior autoconsciência e tome ações direcionadas para se regular. É como ter um roteiro para guiá-lo pelas voltas e reviravoltas do seu mundo interior.

Aproveite o poder da preocupação efetiva

A preocupação geralmente tem má reputação, mas pode servir a um propósito. Preocupar-se permite que você antecipe possíveis desafios, analise riscos e resolva problemas. No entanto, quando a preocupação se torna sufocante e consome seus pensamentos, ela pode impactar negativamente sua saúde mental. A chave é se preocupar de forma efetiva e produtiva (sim, isso é possível).

Uma estratégia para gerenciar a preocupação é criar um "período de preocupação" estipulado. Esse tempo destinado a isso permite que você contenha suas preocupações e as trate de forma estruturada e intencional.

Implementar um "período de preocupação" inclui estas etapas:

1. *Escolha um horário específico*: selecione um período consistente a todos os dias para seu "período de preocupação" (cerca de 10 a 20 minutos). Esse será o momento em que você dedicará toda a sua atenção para lidar com as preocupações.
2. *Anote suas preocupações*: utilize um caderno ou ferramenta digital para anotar as suas preocupações. Externalizar os pensamentos cria uma sensação de controle.
3. *Desmembre as preocupações em tarefas*: ao listar suas preocupações, diferencie entre aquelas que você pode controlar (dentro do seu círculo de influência, isto é, aquelas para as quais você pode ter iniciativas que influenciariam o resultado) e aquelas que você não pode. Para as preocupações dentro do seu controle, crie etapas acionáveis para lidar com cada preocupação. Transformar suas preocupações em ações concretas permite que elas se tornem mais administráveis.
4. *Pratique a atenção plena* (*mindfulness*): quando as preocupações surgirem ao longo do dia, lembre sua mente de que você as abordará no "período de preocupação" estipulado.

Lembre-se: a preocupação pode realmente ser produtiva se administrá-la intencionalmente. Esse "período de preocupação" pode ajudá-lo a recuperar o controle sobre suas preocupações, pois você as identifica e as desmembra em tarefas que podem visar suas origens.

Exponha suas feridas emocionais e gatilhos

Feridas emocionais são áreas sensíveis que podem evocar fortes reações emocionais dentro de você. Elas representam vulnerabilidades e feridas passadas que, quando trazidas à tona inesperadamente, intensificam suas emoções. Quando suas feridas emocionais são acionadas, suas experiências passadas interferem no presente, fazendo com que você responda não apenas ao estressor imediato, mas também à sua dor passada.

Identificar feridas emocionais melhora a compreensão de suas reações emocionais e permite que você tenha melhor controle desses momentos.

Para aumentar a conscientização das suas feridas emocionais:

- *Reflita sobre experiências passadas*: considere situações que desencadearam fortes respostas emocionais. Documente eventos desencadeadores, incluindo o contexto, suas reações e pensamentos associados. Procure padrões e temas ao longo do tempo.
- *Observe as reações*: preste atenção em como seu corpo e mente reagem ao encontrar possíveis gatilhos. Esteja atento às sensações físicas e às emoções.
- *Identifique a história*: geralmente, feridas emocionais estão ligadas a histórias que contamos a nós mesmos. Essas histórias podem estar profundamente arraigadas, influenciando como você vê a si mesmo, aos outros e ao mundo.

Depois de identificar suas feridas emocionais, desenvolva estratégias para gerenciá-las. Por exemplo, você pode reconhecer e nomear conscientemente suas feridas emocionais quando elas forem ativadas (por exemplo, "meu medo de abandono está ativado agora"), buscar apoio de pessoas confiáveis e empregar técnicas de relaxamento como exercícios de respiração profunda ou relaxamento muscular progressivo para reduzir o sofrimento emocional.

Encontre alternativas para a automutilação

A automutilação pode se manifestar como uma resposta de enfrentamento para muitas pessoas autistas, geralmente em decorrência de diversos fatores, como experiências sensoriais angustiantes, uma tentativa de lidar com emoções intensas, a necessidade de estímulos sensoriais ou um desejo de nos punir. A automutilação também pode se tornar viciante devido a uma interação complexa de fatores, incluindo o alívio temporário ou a distração que ela proporciona, a liberação de endorfinas que podem induzir uma sensação de euforia e o sofrimento emocional subjacente que a impulsiona.

Ao adotar uma abordagem de reduzir esse comportamento, podemos cultivar estratégias alternativas que forneçam maneiras mais saudáveis de lidar com emoções difíceis.

Aqui estão algumas atividades alternativas que você pode tentar:

- *Pegue um bloco de gelo*: segurar gelo, mergulhar o rosto em água gelada por até 20 segundos, ou colocar, com cuidado, uma bolsa de gelo no corpo pode proporcionar uma sensação de choque térmico. Isso pode liberar endorfinas e criar uma resposta fisiológica semelhante à automutilação, mas envolvendo um menor risco.
- *Pratique técnicas de aterramento*: as técnicas de aterramento mental ajudam a redirecionar sua atenção para longe de pensamentos angustiantes (cf. a seção "Ancore-se no momento presente" neste capítulo para maiores informações).
- *Tente mudar as temperaturas*: alternar entre temperaturas quentes e frias, como tomar um banho morno seguido de um jato de água fria, pode estimular o corpo e desviar seu foco do sofrimento. As mudanças de temperatura também impactam as respostas fisiológicas do corpo, incluindo o

aumento do fluxo sanguíneo e a liberação de endorfinas (isso não é recomendado se você tem alguma disautonomia, como POTS[5]).

- *Mova-se – e rapidamente*: executar movimentos rápidos, como correr, dançar ou pular, pode aumentar sua frequência cardíaca e estimular a liberação de endorfinas. Essas atividades ajudam a canalizar a energia emocional para uma saída mais construtiva.
- *Acalme seus sentidos*: adote práticas de autocuidado que confortam e relaxam. Isso pode incluir um banho morno, ouvir música relaxante ou fazer atividades que lhe tragam alegria e relaxamento. Essas atividades podem ajudar a regular as emoções e promover uma sensação de bem-estar.
- *Utilize uma unidade TENS*: uma unidade TENS (acrônimo para Transcutaneous Electrical Nerve Stimulation [Neuroestimulação Elétrica Transcutânea]) é um dispositivo que fornece correntes elétricas de baixa voltagem por meio de eletrodos colocados na pele. Ele pode ser uma ferramenta útil se a desregulação sensorial estiver contribuindo para comportamentos de automutilação, pois fornece uma forte estimulação sensorial que pode auxiliar na sua regulação e proporcionar alívio. (Embora as unidades TENS possam ser utilizadas em casa, consulte um profissional antes de usá-las, especialmente se você tiver alguma condição médica subjacente, como epilepsia, e certifique-se de tomar as precauções de segurança ao utilizá-las.)

---

5 POTS é o acrônimo de *Postural Orthostatic Tachycardia Syndrome*. Em português, a condição é denominada Síndrome da Taquicardia Postural Ortostática, que consiste em um distúrbio do sistema nervoso autônomo (disautonomia) [N.T.].

- *Procure ajuda*: busque amigos confiáveis, familiares ou profissionais de saúde mental que possam fornecer compreensão, validação e apoio durante momentos difíceis.
- *Monte um* kit *de tolerância à angústia*: organize uma coleção de itens que proporcionam conforto e distração durante momentos difíceis. Isso pode incluir bolas antiestresse, brinquedos antiestresse, loções calmantes, uma foto de um ente querido, um bilhete significativo ou seu livro favorito. Ter um *kit* de tolerância à angústia permite que você acesse rapidamente ferramentas de enfrentamento saudáveis para não recorrer à automutilação.

Você pode fortalecer sua resposta a emoções e situações angustiantes com essas dicas, mas não tenha medo de pedir ajuda também. A automutilação é um assunto sério e você pode precisar de auxílio de um profissional para lidar com isso.

Ancore-se no momento presente

As técnicas de aterramento são semelhantes a uma âncora resistente que pode mantê-lo firme em meio às ondas turbulentas das intensas emoções. Assim como uma âncora mantém um barco em um lugar em meio a um mar tempestuoso, as técnicas de aterramento fornecem uma base confiável quando você se depara com emoções angustiantes, ansiedade, pânico, dissociação ou uma sensação de desconexão do momento presente.

Nesses momentos desafiadores, as técnicas de aterramento ajudam você a encontrar serenidade, recuperar um senso de presença e navegar em suas experiências internas com maior clareza e resiliência. Essas técnicas também o ancoram no momento presente, estabelecendo uma conexão firme com a realidade e melhorando seu bem-estar geral.

Aqui estão algumas ideias para tentar se ancorar no momento presente:

- *Técnicas de aterramento físico*: esses métodos envolvem trazer sua atenção para seu corpo e para as sensações que você está experimentando. O aterramento físico pode incluir práticas como passar água fria nas mãos e focar na sensação, ou executar movimentos físicos suaves. Ao focar nas sensações físicas, você se ancora no momento presente e cria uma sensação de estabilidade e aterramento.
- *Técnicas de aterramento mental*: o aterramento mental envolve redirecionar seus pensamentos. Isso pode ser feito por meio de atividades como contar, recitar mantras e executar distrações cognitivas, como resolver quebra-cabeças. Você também pode tentar dar à sua mente tarefas específicas, como identificar cidades que começam com a letra "P" ou relembrar músicas de um determinado artista. Essas atividades servem para distraí-lo dos pensamentos angustiantes. Ao mudar seu foco de atenção, você cultiva uma sensação de estabilidade mental, permitindo que você recupere o controle.
- *Técnicas de aterramento sensorial*: essas técnicas envolvem seus sentidos a se conectarem com o ambiente do agora. Você pode conseguir isso concentrando-se em experiências sensoriais, como ouvir uma música relaxante, sentir a textura de um objeto ou cheirar um aroma tranquilizante. Outra técnica efetiva é o exercício de aterramento sensorial 5-4-3-2-1: identifique cinco coisas que você pode ver, quatro coisas que pode tocar ou sentir, três coisas que pode ouvir, duas coisas que pode cheirar e uma coisa que pode saborear. Ao mergulhar na experiência sensorial presente, você também se aterrará no momento presente.

As técnicas de aterramento apoiam você enquanto administra emoções angustiantes e restauram um senso de equilíbrio a partir do qual você poderá processar essas emoções. Uma observação importante: as técnicas de aterramento não devem ser utilizadas como uma estratégia de longo prazo para evitar suas emoções dolorosas. A evitação emocional não é útil em longo prazo. Essas técnicas são mais efetivas como ferramentas temporárias para navegar por emoções intensas e trazê-lo de volta a um espaço no qual você pode efetivamente processar suas emoções.

Resista à evitação emocional e siga em direção à aceitação

Eu costumava me referir às minhas emoções como aquelas "coisinhas irritantes". Considero-me uma minimizadora de emoções, o que eu normalmente atribuía a ser uma pessoa altamente analítica e logicamente orientada. Embora essas características certamente sejam parte disso, percebi um lado negativo (ou sombrio) no meu relacionamento com as emoções. Além de ser uma minimizadora de emoções, também sou propensa à evitação emocional, e um esforço ativo foi necessário para desaprender meus caminhos!

A evitação emocional é um mecanismo de enfrentamento comum entre muitas pessoas autistas. Quando você suprime ou evita sentimentos devido ao medo ou desconforto, infelizmente fica vulnerável ao abuso de substâncias, vício, automutilação e entorpecimento emocional. Mais do que isso, esse comportamento aumenta o estresse, a ansiedade e a desconexão de si mesmo e dos outros, potencialmente levando à dor crônica ou a outras queixas físicas. Também, a evitação emocional prejudica suas habilidades de solucionar problemas e dificulta a resolução efetiva de questões subjacentes.

Como pessoa autista, a tendência à evitação emocional é compreensível. Muitos de nós desenvolvemos isso em resposta aos exageros do mundo – as experiências sensoriais sufocantes e os desafios que enfrentamos ao processar e expressar emoções. Embora a evitação emocional possa proporcionar um alívio temporário, pode ter efeitos prejudiciais na sua saúde mental ao longo do tempo.

Quando você adota a aceitação emocional, cultiva mecanismos positivos de enfrentamento para reconhecer e se envolver com suas emoções. Isso significa conceder permissão para que as emoções sigam seu curso natural. Habilidades positivas de enfrentamento incluem quaisquer métodos em que você esteja ativamente processando e trabalhando suas emoções.

Aqui estão alguns exemplos de enfrentamento positivo:

- *Diário*: escrever seus pensamentos e sentimentos pode ser uma ferramenta poderosa para a exploração e o processamento emocional. Por meio do diário, você pode obter discernimento sobre suas emoções, identificar padrões ou gatilhos e encontrar clareza em suas experiências.
- *Atenção plena*: as práticas de atenção plena envolvem trazer sua atenção para o momento presente com curiosidade, não com julgamento. Observar seus pensamentos e sentimentos sem se apegar a eles ou sem se deixar levar pode ajudá-lo a desenvolver um relacionamento mais equilibrado e gentil com suas experiências emocionais.
- *Terapia*: a terapia permite que você trabalhe com um profissional treinado que pode apoiá-lo na exploração e no processamento de suas emoções. Os terapeutas podem ajudá-lo a desenvolver estratégias de enfrentamento e a obter discernimento sobre suas emoções.

- *Expressão emocional*: adotar atividades criativas, como arte ou música, permite que você expresse e explore suas emoções de forma catártica. Criar algo artístico ou tocar música pode proporcionar uma sensação de liberação e oferecer comunicação quando as palavras são difíceis de serem encontradas.

A aceitação emocional requer autoconsciência e compaixão, o que envolve reconhecer que todas as emoções, incluindo o desconforto, fornecem compreensões valiosas. Ao aceitar e abordar suas emoções com curiosidade e gentileza, você cultiva resiliência e autoconsciência para navegar pelos desafios da vida.

4

Autocuidado mental

Você sabia que a maioria das pessoas autistas provavelmente encontrará algum problema de saúde mental em suas vidas? Pesquisas sugerem que condições como ansiedade, depressão, TEPT[6] e TOC[7] são especialmente prevalentes entre pessoas autistas. Esses fatos ressaltam o quanto é imprescindível cuidar da sua saúde mental.

Cuidar do nosso bem-estar mental com gentileza e compaixão é uma maneira de cultivar maior resiliência à saúde mental. Ao entender e desvendar as complexidades da sua mente autista, você pode aproveitar seus pontos fortes e fazer um levantamento de ideias para navegar em suas suscetibilidades.

Esse cuidado com a sua saúde mental pode abranger uma variedade de práticas, desde a busca por um terapeuta de apoio até o cultivo de um relacionamento saudável com seus pensamentos e o aprimoramento de suas habilidades de autodefesa. Este capítulo apresenta uma série de atividades de autocuidado

6 TEPT é o acrônimo para Transtorno de Estresse Pós-Traumático [N.T.].

7 TOC é o acrônimo para Transtorno Obsessivo-Compulsivo [N.T.].

especificamente personalizadas para ajudá-lo a trabalhar com seu cérebro autista em vez de contra ele. Você encontrará seções sobre como abraçar sua identidade e interesses autistas, defender seus cuidados de saúde mental, compreender sua mentalidade e bem-estar de indivíduo autista e desenvolver resiliência em saúde mental. As atividades incluem estratégias para integrar sua identidade neurodivergente, perceber narrativas negativas e mudar o roteiro, encontrar um terapeuta afirmativo neurodivergente e muito mais. Essas ideias têm o intuito de capacitá-lo a construir resiliência, promover autoaceitação e elaborar estratégias de gerenciamento de sua saúde mental efetivas.

A iniciativa de cuidar de sua saúde mental não é um sinal de fraqueza, mas um ato ousado de autodefesa. Ao se dedicar a essas práticas de autocuidado, você não está apenas priorizando seu bem-estar, mas também promovendo sua saúde mental geral como uma pessoa autista.

Identidade e interesses autistas

Celebre sua identidade neurodivergente

O ato de celebrar sua identidade neurodivergente é construído em amar a si mesmo exatamente como você é. Todos tendem a abandonar às sombras as partes de si mesmos que evocam vergonha, escondendo-as, e pessoas autistas não são diferentes. No entanto, celebrar sua identidade autista é um ato corajoso – uma oportunidade de abraçar descaradamente a essência de quem você é.

Esse processo de celebração de sua identidade assumirá uma forma única para você, assim como para cada pessoa. Para mim, envolve conectar-se com a cultura autista, abraçar a linguagem da identidade em primeiro lugar, declarar orgulhosamente: "eu sou autista" e reconhecer que o autismo está entrelaçado no tecido do meu ser e, portanto, é um aspecto vital da minha identidade – da qual tenho um orgulho descarado.

Você pode utilizar alguns dos mesmos métodos que uso, ou pode escolher expressar sua identidade neurodivergente de outras maneiras. Pode optar por expor de maneira visível, como usar roupas ou acessórios com símbolos como o logotipo do infinito, a bandeira do orgulho *neuroqueer*, o símbolo do girassol ou a bandeira do orgulho autista. Ainda, você pode celebrar seu autismo por meio de atividades artísticas ou defesa pessoal.

Ao celebrar sua identidade neurodivergente, você está criando uma narrativa que reflete autenticamente sua experiência vivida. Essa não é uma celebração única; trata-se de uma jornada contínua e diária de autodescoberta e autoaceitação. Abrace sua força pessoal e assuma sua identidade neurodivergente da maneira que lhe soar natural.

Trabalhe o capacitismo internalizado

O "capacitismo" refere-se à discriminação ou desvalorização de alguém com base em sua deficiência física, mental, intelectual ou outra. O capacitismo internalizado é o modo como uma pessoa com deficiência absorve (mesmo que inconscientemente) essa mentalidade prejudicial. O capacitismo internalizado é semelhante ao racismo internalizado e à homofobia internalizada, pois todos esses grupos absorvem mensagens negativas sobre suas comunidades diariamente e, então, encontram danos emocionais ou físicos como resultado.

Eventualmente, as mensagens capacitistas são sutis, como quando alguém diminui seu esforço e diz coisas como "você está apenas sendo preguiçoso" ou desconsidera suas experiências sensoriais insistindo que você está "exagerando". Outras vezes, você pode encontrar incidentes capacitistas evidentes, como pessoas usando termos depreciativos ou zombando de pessoas com deficiência. Se você tem múltiplas identidades marginalizadas, provavelmente está navegando em uma rede complexa de doutrinas internalizadas e está sujeito a várias camadas de mensagens prejudiciais regularmente. Essas mensagens tóxicas e críticas internalizadas têm um impacto direto em sua saúde emocional e física. Embora o processo possa ser difícil, trabalhar para reconhecer e desfazer os danos que elas causam é uma faceta importante do autocuidado mental.

Se você se encontrar descendo em uma espiral de vergonha neurodivergente, reserve um momento para escanear seus pensamentos e ver se o capacitismo internalizado pode estar na raiz desse sentimento. Por exemplo, depois de vivenciar uma interação social estranha ou lutar para acompanhar as expectativas neurotípicas e o ritmo de vida, eu costumava me repreender, pensando: "por que você não pode ser como os outros? Fulano consegue fazer isso sem esforço. Não é tão difícil". Agora eu detecto esses pensamentos e os reconheço pelo que eles são: o capacitismo internalizado que está em ação. Sempre que nos prendemos a padrões neurotípicos e nos condenamos por não os atingir, estamos vivenciando a ação do capacitismo internalizado.

Aqui estão alguns outros exemplos de instâncias de capacitismo internalizado para ficar de olho:

- *Dúvida sobre si mesmo*: duvidar de suas habilidades apenas com base no fato de ser autista, como pensar "não consigo lidar com essa tarefa, porque sou autista".

- *Pedir desculpas por comportamentos neurodivergentes*: sentir a necessidade de se desculpar por comportamentos que são expressões naturais de neurodivergência, como dizer "desculpe por divagar" ou "sinto muito por ser estranho".
- *Mascarar ou camuflar*: adotar comportamentos neurotípicos ou suprimir traços autistas naturais para se encaixar – por exemplo, imitar conscientemente normas sociais neurotípicas ou suprimir os movimentos autoestimulatórios (*stimming*).
- *Estereótipos internalizados*: acreditar em estereótipos negativos ou equívocos sociais sobre autismo, levando a autopercepções negativas.

Se você reconheceu algum desses exemplos acontecendo com você, pare e pergunte a si mesmo:

- "O capacitismo internalizado está influenciando esse pensamento?"
- "Estou impondo padrões neurotípicos a mim mesmo?"
- "O que eu diria ao meu amigo (ou filho) autista neste momento?"

Trazer sua consciência para esse capacitismo é o primeiro passo para começar a desmantelá-lo emocionalmente. Você tem o poder de desafiar esses pensamentos negativos e, em vez disso, promover a autocompaixão, abraçar sua identidade neurodivergente e amar a si mesmo exatamente como você é!

Abandone os rótulos de "funcionamento"

Uma maneira de trabalharmos juntos para fornecer cuidados à comunidade autista (e, por sua vez, autocuidado) é acabar com o hábito de colocar rótulos de "funcionamento". Imagine se pessoas neurotípicas fossem questionadas sobre seus níveis de "funcionamento" – pareceria rude e crítico. Então, por que estamos fazendo isso com pessoas autistas?

Os rótulos de funcionamento também falham em capturar as complexidades intrincadas das habilidades e comportamentos das pessoas. Por exemplo, meu funcionamento flutua muito dependendo do meu ambiente sensorial, do meu nível de esgotamento e da energia gasta em socialização e mascaramento. Claramente, os níveis de funcionamento existem em um espectro fluido – o que acontece com a maioria das pessoas!

Ainda, os desafios das pessoas autistas que se marcaram são descartados pelos rótulos de funcionamento, ao mesmo tempo em que tais rótulos diminuem os pontos fortes das pessoas autistas não falantes que têm mundos interiores ricos e que têm muito a oferecer à sociedade.

Em vez de depender desses rótulos, tente se autodefender mudando o foco para as necessidades de apoio. Essa mudança muda o foco da conversa de quão bem você funciona para quais formas de apoio podem ajudá-lo a prosperar. Por exemplo, alguém com autismo nível 3 exigirá maior apoio, então, o foco deve ser a discussão das necessidades desse indivíduo e de sua família, que fornece um suporte diário. Indivíduos com autismo nível 1 podem ter menor necessidade de suporte diário intensivo, mas tendem a ter altas necessidades de apoio de saúde mental e se beneficiam de suporte específico nesse sentido, assim como de suporte sensorial.

Ao reformular essa conversa de rótulos de funcionamento para as necessidades de apoio, vamos além dessas limitações e redirecionamos a conversa para os suportes vitais que nos capacitam a florescer.

Passe um tempo sem máscaras

Muitos traços autistas são, na verdade, estratégias inatas que utilizamos para acalmar nossos corpos. Por exemplo, evitar o contato visual ajuda a acalmar a amígdala (centro do medo/emoção do cérebro) e praticar movimentos autoestimulatórios (*stimming*) ajuda a regular os sentidos. No entanto, aqueles de nós que mascaram nossos traços autistas suprimem esses instintos naturais que regulam nossos corpos e cérebros. Não é de se admirar que muitos de nós estejamos esgotados e lutando contra nossas emoções – estamos anulando nossos mecanismos naturais de autotranquilização! Se, em vez disso, você intencionalmente passar um tempo sem utilizar máscaras, poderá relaxar e aproveitar comportamentos que naturalmente o apoiam e acalmam.

Mascarar também inclui distorcer sua comunicação para se encaixar na cultura dominante. Traduzir a fala autista para a fala alística consome muita energia do seu córtex pré-frontal (a parte do seu cérebro responsável pelo pensamento e pela tomada de decisões). Acontece que seu cérebro precisa trabalhar muito para traduzir sua fala autista direta e eficiente para uma fala alística indireta e não eficiente!

Quando você desmascara sua comunicação, você se dá permissão para falar direta e francamente, abraçar conversas divergentes e pular a conversa fiada que pode ser muito desgastante. É uma pausa cerebral poderosa que pode ajudar você a recarregar as energias e se sentir mais centrado.

Da próxima vez que você estiver se sentindo esgotado, pode ser porque você está cansado por ficar se mascarando. Para recarregar as energias, encontre um espaço seguro para se desmascarar, seja com outras pessoas autistas ou com um amigo ou familiar de confiança, e deixe seus traços autistas naturais brilharem. Seu corpo e seu cérebro agradecerão por isso.

Dê boas-vindas à autoestimulação autista

A autoestimulação (*stimming*) é um comportamento natural e reconfortante que muitas pessoas autistas adotam. Pode assumir muitas formas, como bater as mãos, girar, balançar para frente e para trás ou até mesmo a forma de autoestimulação auditiva, na qual a pessoa repete uma música ou faz sons repetitivos. Embora possa parecer estranho ou até mesmo preocupante para algumas pessoas não autistas, esse mecanismo é parte integrante da experiência de muitas pessoas autistas.

Uma das razões pelas quais as pessoas autistas fazem a autoestimulação é porque ela ajuda a acalmar nossos sistemas sensoriais. A entrada sensorial extra que esse comportamento fornece pode ser útil quando nos sentimos sobrecarregados, oprimidos ou até mesmo excitados pelo nosso ambiente. A autoestimulação é a maneira que o nosso cérebro encontra para nos ajudar quando as coisas ficam angustiantes – é como nosso *kit* de ferramentas pessoal para lidar com a sobrecarga sensorial.

Aqui estão alguns benefícios da autoestimulação:

- *Redirecionamento da atenção*: a autoestimulação nos ajuda a desligar a desordem ao nosso redor, porque nos concentramos em uma atividade sensorial de que gostamos.
- *Controle e homeostase*: quando estamos em ambientes angustiantes, a autoestimulação nos ajuda a focar em coisas sensoriais que podemos controlar e fornece informações suficientes para nos ajudar a bloquear o que não podemos controlar. Essa ferramenta fornece uma sensação de previsibilidade e domínio em um ambiente imprevisível. Além

disso, esse comportamento cria uma sensação de homeostase, proporcionando conforto e segurança. Você sabe o que está por vir quando você faz a autoestimulação, e isso pode ser reconfortante ao navegar em uma situação imprevisível!

- *Relaxamento*: ações como balançar e bater podem ser realmente calmantes – em parte, porque podem influenciar a química do nosso cérebro! Envolver-se em atividades autoestimulatórias pode aumentar a dopamina, o glutamato e o aspartato, que podem desencadear uma sensação de calma e tranquilidade, fazendo-nos sentir relaxados.
- *Satisfação de caçadores sensoriais*: a autoestimulação também pode ser uma forma de busca sensorial. Às vezes, nosso ambiente não nos dá o estímulo sensorial que desejamos, e a autoestimulação nos ajuda a obter o conforto de que precisamos.

Ainda, há mais boas notícias! Pesquisas sugerem que a autoestimulação, particularmente os movimentos rítmicos como balançar ou fazer movimento pendular, pode realmente liberar endorfinas no cérebro. Esses produtos químicos que fazem você se sentir bem podem ajudar a melhorar seu humor e reduzir sentimentos de dor e desconforto.

Se você é uma pessoa autista que faz autoestimulação, saiba que você não está sozinho e que não há nada de errado com isso. Esse comportamento é uma parte valiosa e importante de quem você é! Abrace suas necessidades sensoriais únicas e encontre as autoestimulações que funcionam melhor para você. Seja andar de um lado para o outro, fazer uma dança autoestimulatória, bater as mãos, girar o cabelo ou bater os pés, seu corpo sabe o que precisa para se sentir calmo e confortável. Portanto, faça sua autoestimulação!

Regule suas emoções com o movimento

No ensino médio, mesmo antes de saber que era autista, eu me envolvia em todos os tipos de atividades rítmicas. Eu voltava da escola e andava de patins com as Spice Girls tocando no meu *walkman*. Ainda, à noite eu dançava a portas fechadas com a melhor música que os anos 90 tinham a oferecer.

Acontece que meu interesse por música e dança pode ter sido parcialmente relacionado ao meu autismo. Pessoas autistas prosperam com movimentos repetitivos e rítmicos (também conhecidos como autoestimulação ou *stimming*). Os corpos autistas tendem a gerar excesso de energia e se beneficiam da liberação dessa energia no final do dia. Quando não encontramos uma maneira de liberar essa energia, ela tende a escapar por meio de colapsos emocionais ou sensoriais!

É aí que entra o movimento rítmico – é uma das ferramentas mais poderosas em nosso *kit* de ferramentas de saúde mental! Se dançar não é sua praia, você pode encontrar outras atividades rítmicas que funcionam para você, como andar de um lado para o outro, pular em uma bola de ioga, pular ou andar de patins.

O movimento rítmico não só permite que você libere energia e emoções reprimidas; ele também ajuda você a se conectar com seu corpo de uma forma positiva. É uma maneira de tirar sua atenção da cabeça e direcioná-la para as sensações positivas do seu corpo. Isso pode ser aterrador e ajudar você a se sentir mais presente e ancorado no momento. Quando você está mais aterrado em seu corpo, você é capaz de se conectar mais facilmente com sua experiência mental.

A dança também estimula uma onda benéfica de dopamina, o neurotransmissor do “bem-estar” do seu corpo! Além disso, ajuda a diminuir os níveis de cortisol, um hormônio associado ao estresse (e que geralmente é alto em pessoas autistas).

Então, quer você esteja dançando ou se envolvendo em outras atividades rítmicas, reserve um tempo para se conectar com seu corpo e perceber as sensações físicas. Com a prática, você pode achar mais fácil abraçar os aspectos positivos de ter um corpo.

Identifique seus valores

Pessoas autistas tendem a ser muito orientadas por valores. Afinal, os valores são fiados no tecido da sua identidade, moldando como você vê a si mesmo e o mundo ao seu redor. Quando você se encontra em situações que entram em conflito com seus valores, isso pode ser emocionalmente desgastante e criar uma turbulência interna. Por outro lado, quando você está alinhado aos seus valores e faz coisas que refletem quem você é e com o que se importa, isso traz uma sensação de clareza e propósito para sua vida e o ajuda a se sentir ancorado em seu verdadeiro eu.

Identificar seus valores é um bom primeiro passo no sentido de viver uma vida que esteja em sincronia com eles. Como um exercício reflexivo, reserve um momento para listar seus cinco valores mais importantes, que podem ser ideais políticos, paixões pessoais ou qualquer outra coisa que importe profundamente para você.

Aqui estão alguns exemplos de valores:

- Igualdade e inclusão
- Curiosidade e aprendizagem
- Autonomia e independência
- Criatividade
- Autenticidade
- Direitos dos animais

- Crescimento pessoal
- Espiritualidade
- Sustentabilidade

De maneira alternativa, ao pesquisar na *internet* por "*value card sort*" [baralho de valores pessoais], você encontrará versões *on-line* desse exercício.

Quando estiver se sentindo desconectado de si mesmo, tente se conectar com um de seus valores por intermédio de uma atividade que faça sentido para você. Fazendo isso, se alinhará com seu eu fundamental.

Seus valores não são apenas coisas que você tem – eles são partes integrantes de quem você é. Abraçar os seus valores é uma forma de abraçar e celebrar sua identidade autista. Viver conscientemente em sincronia com seus valores fundamentais é uma forma efetiva de cuidar de seu corpo, mente e espírito.

Celebre seus interesses especiais

Meu cérebro funciona em mundos autocontidos aos quais me refiro como "ecossistemas". Vejo conexões, ligações, padrões e relações em tudo. Quando me apaixono por alguma coisa, preciso compreender isso totalmente. Isso pode parecer familiar para você, pois se ocupar de interesses dessa maneira profunda é, na verdade, um traço comum das pessoas autistas.

Meu ecossistema de interesse especial tornou-se uma parte essencial da minha rotina de autocuidado. Quando estou me sentindo sobrecarregado ou estressado, volto-me aos meus interesses para encontrar conforto e aterramento, visto que eles me propiciam uma sensação de estabilidade e familiaridade.

Seus interesses não são apenas profundamente integrados à sua identidade, mas podem ser também incrivelmente tranquilizantes.

Eles podem ajudá-lo a reduzir o estresse, a se regular emocionalmente e a acessar uma fonte de energia para auxiliá-lo a sentir-se mais aterrado. Como um bônus, conectar-se a outras pessoas por meio de suas áreas de interesse é uma maneira poderosa de criar e fortalecer conexões e relacionamentos.

Contudo, muitas pessoas autistas resistem a dedicar-se aos seus interesses pessoais. A sociedade frequentemente enxerga esses interesses como anormais ou obsessivos, o que pode levar à vergonha e ao constrangimento internalizados. Essa mentalidade pode tornar desafiador aceitar o poder da energia de seu interesse especial para a autotranquilização.

Tente inverter o roteiro de quaisquer associações negativas que possa ter feito com seus interesses e celebre-os ao invés disso. Afinal, a energia por trás de seus interesses especiais pode impulsionar a inovação, a criatividade e a mudança social. Muitas invenções e movimentos inovadores vieram de pessoas profundamente apaixonadas por assuntos específicos. Por exemplo, o interesse de Greta Thunberg pela justiça ambiental acendeu uma faísca em milhões, os inspirando a se unirem contra a ameaça do colapso climático. Da mesma forma, Steve Jobs, cofundador da Apple, era conhecido por sua obsessão com a convergência de tecnologia e *design*, que remodelou o cenário tecnológico (observação: embora Jobs exibisse diversos traços autistas, não há evidências definitivas para confirmar que ele era autista).

Como interesses e identidade são tão intrincados para pessoas autistas, aderir seus interesses é uma maneira de abraçar sua identidade. Você cultivará um forte senso de si por meio de seus interesses, tornando-os uma parte fundamental de seu autocuidado mental.

Para incorporar interesses especiais no autocuidado, tente reservar um horário específico para mergulhar em suas paixões, utilizando seus interesses como ferramentas de regulação emocional, tecendo seus *hobbies* com suas atividades diárias ou aproveitando esses interesses para cultivar conexões sociais. Veja o que faz sentido para você – a chave é não se envergonhar do seu nível de interesse. Ao abraçar esses interesses e incorporá-los à sua rotina de autocuidado, você pode encontrar uma sensação de estabilidade e familiaridade em um mundo que, muitas vezes, parece sufocante e imprevisível.

Autodefesa nos cuidados com a saúde mental

Construa e coopere com sua equipe de cuidados com a saúde

Estabelecer um relacionamento colaborativo com sua equipe de saúde, incluindo os profissionais prescritores e os de cuidados primários, é o alicerce para que você explore sua saúde mental como uma pessoa autista. Essa parceria não apenas coloca suas diferentes necessidades médicas em primeiro lugar, mas também oferece suporte ao gerenciamento adequado de quaisquer medicamentos necessários (observação: embora não haja medicamentos que sejam prescritos especificamente para o autismo, muitos indivíduos autistas se beneficiam de intervenções farmacêuticas para gerenciar condições coexistentes, como ansiedade, depressão, TDAH, TEPT, TOC, entre outras).

Para muitas pessoas autistas, a passagem no setor de saúde pode ser angustiante devido a vários desafios, incluindo sensibilidades sensoriais, desafios de funcionamento executivo, diferenças comunicativas e visitas médicas frequentes devido a condições concomitantes. Portanto, é um ato poderoso de autocuidado desenvolver um relacionamento colaborativo com sua equipe médica.

Aqui estão algumas estratégias para construir tais relacionamentos:

- *Identifique profissionais informados sobre o autismo*: tente encontrar profissionais de saúde que tenham experiência em cuidar de pessoas autistas e conhecimento sobre as complexidades do autismo. Eles devem compreender condições comuns concomitantes, sensibilidades sensoriais e possíveis interações medicamentosas que afetam indivíduos autistas.
- *Obtenha recomendações de comunidades autistas*: recomendações de comunidades locais ou *on-line* podem fornecer possíveis caminhos para prestadores de serviços especializados em autismo. As organizações de defesa do autismo também podem ter listas de prestadores.
- *Promova um diálogo aberto*: faça questão de comunicar suas preocupações, necessidades e objetivos. Assuma um papel ativo no compartilhamento de detalhes essenciais sobre suas sensibilidades sensoriais, dor e histórico de medicamentos e quaisquer efeitos colaterais que você sinta. É importante observar que pessoas autistas tendem a ser mais sensíveis a medicamentos e podem sentir efeitos colaterais com mais frequência que indivíduos não autistas. Além disso, as maneiras como as pessoas autistas expressam angústia ou desconforto podem ser diferentes das expectativas alísticas, o que às vezes pode levar a interpretações errôneas por parte dos prestadores. Por isso, manter uma comunicação aberta é vital para garantir que seus sintomas sejam corretamente compreendidos e tratados.

- *Anote suas preocupações*: se você se sentir nervoso durante as consultas médicas, prepare-se com antecedência anotando perguntas ou pontos críticos. Isso ajuda a garantir que você articule suas preocupações de forma eficaz e pode auxiliar seus esforços de autodefesa.
- *Considere gravar suas consultas*: se for difícil de lembrar os detalhes da visita, pergunte se você pode gravar a sessão em áudio para referência posterior, principalmente se as instruções estiverem sendo compartilhadas.
- *Seja a favor do monitoramento regular*: checagens de saúde regulares e gerenciamento de medicamentos são cruciais, principalmente considerando a maior probabilidade de efeitos colaterais dos medicamentos. A teleterapia pode oferecer uma alternativa acessível com menos preocupações sensoriais para essas avaliações contínuas ou consultas não emergenciais.
- *Participe do processo de tomada de decisão*: participe ativamente em suas decisões de assistência médica. Entenda os benefícios e riscos potenciais dos tratamentos propostos e colabore com seu prestador para fazer escolhas informadas.

O ideal é que você consiga encontrar um profissional de saúde que tenha conhecimento sobre o autismo. Em situações em que prestadores atualizados sobre o autismo não estão disponíveis, encontrar um profissional que ao menos tenha uma abordagem colaborativa e que esteja aberto a aprender sobre o assunto pode ajudar muito!

Trabalhe as condições de saúde mental coexistentes

É importante ressaltar que o autismo, uma forma de neurodivergência, não é por si só uma condição que justifique tratamento.

No entanto, muitas pessoas autistas enfrentam outras questões de saúde mental concomitantes e que, se não tratadas, podem afetar significativamente seu bem-estar.

Para manter uma boa saúde mental é realmente importante tratar essas condições coexistentes, que podem ser ansiedade, depressão, TEPT, TOC etc. Além disso, muitos indivíduos autistas também vivenciam outras formas de neurodivergência, incluindo TDAH e dislexia, que se beneficiam de um suporte direcionado. Essas condições coexistentes e formas de neurodivergência podem amplificar os desafios da vida diária e impactar a saúde mental de pessoas autistas.

Aqui estão algumas estratégias para explorar efetivamente os cuidados de saúde mental:

- *Explore o gerenciamento personalizado de condições coexistentes*: há uma miríade de abordagens terapêuticas disponíveis para tratar condições concomitantes, como terapia de aceitação e compromisso (ACT, do inglês, *Acceptance and Commitment Therapy*), terapia comportamental dialética (DBT, do inglês, *Dialectical Behaviour Therapy*), Sistemas Familiares Internos (IFS, do inglês, *Internal Family Systems*), terapias somáticas e terapia focada em trauma. Cada uma dessas terapias oferece estratégias para lidar com desafios específicos. Embora não haja uma terapia "tamanho único" para pessoas autistas devido à nossa ampla diversidade, muitos de nós respondem bem a terapias somáticas, relacionais, interpessoais e IFS. A terapia cognitivo-comportamental tradicional (TCC) pode não ser adequada para todos nós, e a ACT e a DBT consistem em alternativas benéficas para quem busca abordagens estruturadas.

- *Encontre um terapeuta afirmador da neurodivergência*: terapeutas afirmadores da neurodivergência consideram o autismo uma parte válida da sua identidade (e não como um transtorno a ser corrigido). Encontrar um terapeuta que valorize seu autismo como parte da sua identidade e que o ajude a integrá-lo ao seu senso de si e a lidar com a vergonha internalizada, com o trauma neurodivergente e muito mais é um investimento poderoso na sua saúde mental (cf. "Encontre um prestador afirmador da neurodivergência" neste capítulo para dicas sobre o que procurar).
- *Considere uma intervenção farmacológica*: em alguns casos, a medicação pode aliviar os sintomas de condições coexistentes. Desenvolva um relacionamento colaborativo com um psiquiatra ou profissional de saúde prescritor para garantir a prescrição apropriada de medicamentos e um monitoramento efetivo (consulte "Construa e coopere com sua equipe de cuidados com a saúde" neste capítulo para obter mais dicas sobre como cultivar um relacionamento colaborativo com seu prescritor).
- *Desenvolva mecanismos de enfrentamento*: aprender e implementar estratégias de enfrentamento aumenta sua capacidade de gerenciar sintomas e seguir sua vida diária. As estratégias podem incluir técnicas de gerenciamento de estresse, estratégias de regulação do sistema nervoso, habilidades de regulação emocional, práticas de autocuidado sensorial e de atenção plena. Você pode encontrar muitas ideias neste livro para começar e, depois, um terapeuta pode oferecer orientação adicional.
- *Conecte-se com comunidades de apoio*: entrar em contato com comunidades de apoio, tanto *on-line* quanto *off-line*,

pode promover um senso de compreensão e pertencimento. Seu envolvimento com grupos ou redes neurodivergentes pode fornecer recursos preciosos, validação e suporte.

Lidar com problemas de saúde mental coexistentes é uma maneira de se comprometer a priorizar sua saúde mental e, ao mesmo tempo, se capacitar para florescer e prosperar.

Encontre um prestador afirmador da neurodivergência

Identificar um profissional de saúde mental que respeitará e defenderá a neurodivergência pode ser um elemento essencial da sua jornada de saúde mental. Para ajudar nessa busca, considere as seguintes bandeiras verdes e vermelhas durante sua busca:

Sinais verdes

Procure por "sinais positivos" ou indicações de que um profissional de saúde abraça e valida a neurodivergência, como:

- *Linguagem inclusiva*: profissionais que usam linguagem de identidade em primeiro lugar (por exemplo, "autista" *versus* "tem autismo" ou "com autismo") ao discutir autismo e neurodivergência transmitem respeito e compreensão da cultura e das pessoas autistas.
- *Afirmação da neurodiversidade*: procure profissionais que afirmem abertamente a neurodiversidade e declarem explicitamente seu compromisso de respeitar e celebrar identidades neurodivergentes.
- *Cuidado culturalmente competente*: profissionais que empregam uma estrutura interseccional para entender as experiências e os desafios de identidades interseccionais – como ser autista e membro de outra comunidade

marginalizada – provavelmente oferecerão um cuidado mais diversificado e abrangente.

- *Ênfase na autonomia e poder de ação*: terapeutas que enfatizam sua autonomia, escolha e poder de ação nas decisões de tratamento respeitam você como um participante ativo em sua jornada de assistência médica.
- *Acessibilidade*: prestadores que proativamente tornam suas práticas mais acessíveis – por exemplo, oferecendo opções de agendamento flexíveis, fornecendo acomodações para sensibilidades sensoriais e usando métodos de comunicação alternativos – demonstram compreensão prática das necessidades de clientes autistas.

Sinais vermelhos

Por outro lado, tenha muito cuidado se você vir qualquer um desses possíveis "sinais de alerta":

- *Ênfase na análise comportamental aplicada (ABA)*: embora a ABA seja uma terapia comumente recomendada, seu foco na conformidade pode ser prejudicial para indivíduos autistas. Um provedor que promove fortemente ou recomenda exclusivamente a ABA geralmente não se alinha com as perspectivas neurodivergentes.
- *Uso de linguagem patologizante*: esteja atento à linguagem usada por profissionais de saúde ao discutir o autismo. O uso frequente de termos como "transtorno do espectro autista (TEA)" ou outra linguagem patologizante pode indicar uma abordagem focada em tratar o autismo como um problema a ser corrigido, em vez de reconhecê-lo como um aspecto integral da neurodiversidade humana.

- *Mentalidade de "consertar"*: tenha cuidado com profissionais de saúde que frequentemente discutem "curar o autismo" ou "melhorar as habilidades sociais". Se um profissional sugere que o objetivo do tratamento é tornar um indivíduo mais "neurotípico", ele está operando a partir de uma estrutura baseada em déficit – em outras palavras, assumindo que algo sobre você precisa ser "consertado". Essa mentalidade ignora o valor da neurodiversidade, enfatizando "consertar" problemas percebidos em vez de promover o crescimento pessoal e o bem-estar dentro do contexto neurológico único de um indivíduo.

Você também pode recorrer a recursos – como a Neurodivergent Therapists (NDTherapists.com), a Association of Neurodivergent Therapists (que é um diretório do Reino Unido), a Therapy Den e a Inclusive Therapists – para obter diretórios de terapeutas que se identificam como neurodivergentes ou afirmam identidades neurodivergentes.

Por fim, confie em seus instintos. Se você não se sentir compreendido, respeitado ou confortável durante sua interação inicial com um profissional, pode valer a pena estender sua busca. Não tenha pressa, conduza uma pesquisa completa e priorize seu bem-estar mental e físico durante todo esse processo. Encontrar o ajuste certo é a chave para uma terapia bem-sucedida, então, vale o seu tempo e o seu esforço.

Explore as vantagens e as desvantagens do diagnóstico formal

Explorar sua neurologia é uma tarefa profundamente pessoal. Para muitas pessoas autistas, buscar um diagnóstico formal estabelece um marco significativo em nossa busca por bem-estar mental aprimorado. No entanto, essa costuma ser uma experiência mista com benefícios e desafios. Suas experiências, recursos e fatores sociais influenciarão esse processo. Embora um diagnóstico formal possa ser uma ferramenta poderosa, a identidade autista transcende rótulos médicos e floresce na riqueza de diversidade, pontos fortes únicos e experiências pessoais da comunidade. Se um diagnóstico formal estiver no seu radar, é uma boa ideia pesar suas possíveis vantagens e desvantagens.

Benefícios do diagnóstico

- *Validação e autocompreensão*: um diagnóstico formal pode oferecer uma sensação de validação, pode fornecer uma explicação para as lutas e para as diferenças ao longo da vida e trazer a você uma melhor autocompreensão e um senso mais claro de sua identidade. Também, pode trazer alívio e empoderamento, permitindo que você defenda a si mesmo de forma mais eficaz.
- *Acesso a recursos e suportes*: um diagnóstico formal geralmente serve como uma porta de entrada para um suporte e para os serviços especializados. Isso pode incluir terapias, acomodações educacionais e de trabalho, serviços para deficientes e potencial auxílio financeiro.

Desvantagens do diagnóstico

- *Patologização*: o modelo médico de deficiência frequentemente patologiza identidades neurodivergentes. Um diagnóstico formal pode, às vezes, promover uma percepção de ser "desordenado" ou "deficiente", afetando potencialmente a autoestima e o bem-estar geral.
- *Acessibilidade e custo*: obter acesso a um diagnóstico formal pode ser um obstáculo devido a fatores como localização geográfica, disponibilidade de especialistas e barreiras

financeiras. O processo de diagnóstico pode ser caro e demorado, geralmente com longas listas de espera.

- *Potencial estigma*: apesar da crescente aceitação social, o estigma associado ao autismo ainda persiste. Um diagnóstico pode, às vezes, levar a atitudes preconceituosas, discriminação e exclusão em vários ambientes, incluindo escolas e locais de trabalho.
- *Diagnóstico incorreto*: infelizmente, alguns clínicos ainda precisam atualizar sua compreensão do autismo, aderindo, em vez disso, a estereótipos desatualizados. Como resultado, se você for uma mulher, uma pessoa de gênero não binário ou uma pessoa negra, ou se você se desviar do perfil estereotipado do autismo, você pode passar pelo processo de diagnóstico apenas para correr o risco de ser diagnosticado incorretamente.
- *Limitações de migração*: certos países impõem restrições à imigração para indivíduos com diagnóstico de autismo, o que pode limitar as oportunidades de vida internacional.
- *Disparidades médicas*: em alguns casos, ter um diagnóstico de autismo pode potencialmente influenciar os processos de tomada de decisão médica, como elegibilidade para transplante de órgãos ou acesso a cuidados de afirmação de gênero, devido a equívocos sobre a capacidade e a qualidade de vida de indivíduos autistas.

A decisão de buscar um diagnóstico de autismo é profundamente pessoal e deve ser adaptada às suas necessidades, circunstâncias e preferências individuais. Independentemente de você buscar um diagnóstico formal, lembre-se de que suas experiências e identidade como uma pessoa autista são válidas. Você tem o direito de se entender, de defender suas necessidades e de buscar aceitação e respeito.

Mentalidade e bem-estar autistas

Reformule as experiências de sua infância autista

Uma parte significativa de abraçar sua identidade autista pode ser viajar de volta ao seu passado, particularmente sua infância, para reconsiderar e reinterpretar essas experiências por meio de uma nova lente. Sua história provavelmente inclui histórias de seus traços autistas sendo mal-interpretados, malcompreendidos ou, até mesmo, erroneamente rotulados como "falhas de caráter" por você ou outros. Consequentemente, sua autopercepção e suas memórias podem ser obscurecidas por uma sensação de alteridade, perplexidade, confusão e vergonha.

Conforme você aprofunda a compreensão de sua identidade autista, você pode reformular seu passado com uma compreensão recém-descoberta. Se você já foi visto como um "solitário" isolado, agora pode entender que seu tempo sozinho é a manifestação do prazer de sua rica paisagem interior. Suas aversões a texturas ou sons específicos, antes consideradas "exigentes" ou "exageradas", eram, na verdade, seu sistema sensorial interagindo com o mundo de uma forma exclusivamente autista. Sua aparente "grosseria" era apenas sua maneira de ser direto, honesto e transparente. Esses colapsos eram a resposta natural do seu corpo à sobrecarga sensorial. Sua paixão – longe de ser "demais" – era um lindo testamento de sua maneira apaixonada e movida por valores de estar no mundo.

Reformular sua narrativa com essa lente recém-descoberta pode ser um exercício transformador da saúde mental. Você não está "quebrado" ou "danificado"; você simplesmente percebe e interage com o mundo de forma única. Abraçar sua identidade autista permite que você veja seu eu passado com compaixão, apreciando a força que foi necessária para navegar em um mundo que não o entendia. Esse processo pode cultivar empatia pela criança incompreendida que você já foi, ao mesmo tempo em que honra a resiliência que o impulsionou até onde está hoje.

Perdoe-se

As pessoas costumam perguntar como meu diagnóstico tardio me impactou. Minha resposta inicial geralmente gira em torno de um aspecto significativo: o despertar da autocompaixão. Meu diagnóstico essencialmente me deu permissão para silenciar meu crítico interno e estender a gentileza para mim mesmo – uma experiência recém-descoberta. Através da lente da compreensão da minha identidade autista, posso finalmente liberar a percepção das minhas "falhas" que uma vez carreguei, cultivar uma mentalidade de gentileza e autoperdão pelos erros do passado e adotar expectativas realistas para o meu futuro.

Reformular sua narrativa de forma semelhante permitirá que você veja seu eu passado com mais gentileza. Além de ter autocompaixão por seus traços e peculiaridades autistas, que você pode ter interpretado mal, como falhas de caráter, é importante reconhecer que pode haver outros aspectos pelos quais você precisa se perdoar.

Por exemplo, talvez tenha havido momentos em que se envolveu em ações que não se alinhavam com seus valores. Você pode ter usado álcool ou substâncias de forma indevida como um mecanismo de enfrentamento para desafios sensoriais e sociais, ou pode ter caído em outro vício para anestesiar a dor. Também, pode ter machucado pessoas com quem se importa, ou talvez alguns relacionamentos tenham terminado, porque você ainda não sabia quem você era e como comunicar suas necessidades de forma eficaz. Se você recorreu a estratégias prejudiciais enquanto se esforçava para sobreviver em um mundo que não foi projetado para você, saiba que não está sozinho – isso acontece com todos. Esforce-se para liberar qualquer culpa, arrependimento e vergonha e redirecione seu foco para abraçar o autoperdão e a gentileza, aliviando a carga em sua mente e espírito.

Lamente por seus limites

Meu diagnóstico de autismo me levou a sentir libertação e orgulho –, mas também, tristeza. Os momentos mais profundos de tristeza surgem quando fico cara a cara com meus próprios limites. Esses limites abrangem limites sensoriais, limites de energia e limites sociais. Se eu ignorar esses limites, estou me tornando suscetível ao esgotamento e a condições crônicas de saúde.

Quando descobri que era autista, mudei de carreira. Percebi que trabalhar como professora em um instituto acadêmico ou trabalhar em tempo integral em um ambiente hospitalar me esgotaria completamente. Havia tristeza nessa percepção, mas do outro lado dessa tristeza, estava a liberdade. Reestruturei minha vida, construí uma empresa chamada Neurodivergent Insights e embarquei em uma carreira que trabalhava com meus limites sensoriais, sociais e energéticos. Para encontrar essa felicidade, eu precisava reconhecer e lamentar meus limites.

Lamentar seus limites é um processo contínuo, não uma experiência única. Talvez um dia você acorde e encontre uma parede de fadiga, experimente lutas intensificadas de funcionamento executivo ou se esforce para acompanhar as demandas da criação dos filhos. Nesses momentos, é perfeitamente normal lamentar seus limites mais uma vez. No entanto, do outro lado dessa tristeza está a liberdade: quando você lamenta seus limites, pode realmente construir expectativas realistas e se libertar da culpa de não se conformar com o ritmo de seus pares alísticos. É muito melhor para sua saúde mental cultivar um ritmo e uma vida que funcionem para você e honrem seus limites!

Celebre sua autenticidade com um Quadro de Identidade

Pessoas autistas frequentemente lidam com questões de identidade – especialmente os que passaram a vida mascarando seu verdadeiro eu. O mascaramento pode resultar em um senso difuso de si mesmo, tornando desafiador entender quem você realmente é. Envolver-se em atividades que incentivem a autorreflexão pode ser uma maneira poderosa de resgatar sua identidade. Uma maneira divertida e criativa de fazer isso é criar um "quadro de identidade", que é uma representação visual e criativa de seus principais valores, interesses e identidades.

Para criar um quadro de identidade, você tem algumas opções:

- *Faça um quadro de identidade à mão*: reúna imagens que reflitam seus principais valores, identidades e interesses de revistas ou fontes *on-line*. Depois, organize-as e cole-as em um cartaz. Adicione palavras, citações e símbolos significativos para criar uma representação visual de seu eu autêntico.
- *Crie um quadro de identidade digital*: crie um quadro no Pinterest ou Canva dedicado à sua exploração de identidade. Pesquise imagens, citações e artigos que se alinhem aos seus valores essenciais e reflitam seus interesses. Uma vantagem de um quadro digital é que ele permite uma edição e atualização ainda mais fáceis à medida que você continua a explorar e desenvolver seu senso de identidade.

Não importa qual método você prefira, mas procure imagens que lhe tragam alegria e reflitam seu eu autêntico. Quando terminar, por enquanto pendure-o onde você possa ver e aproveitar regularmente ou, se for digital, torne-o facilmente acessível para abrir e visitar. Deixe seu quadro evoluir junto com você, atualizando-o de vez em quando para que ele possa ajudar a alimentar sua jornada de autodescoberta, autoaceitação e autorrevelação.

Resiliência em saúde mental

Pratique o pensamento "meio-termo"

O pensamento do tipo tudo ou nada – no qual um evento é percebido como perfeito ou um fracasso completo – é comum entre pessoas autistas. Durante meus primeiros anos como mãe, essa mentalidade se manifestou como uma autocrítica constante sobre minha criação de filhos. Sendo autista, privada de sono e criando dois filhos neurodivergentes, eu nem sempre fui perfeita (nem perto!). No entanto, devido ao pensamento do tipo tudo ou nada, sempre que lidava com algo de forma imperfeita, eu tomava isso como evidência de que era uma mãe terrível. Da mesma forma, se eu cometesse um erro em uma amizade, eu me distanciaria, convencida de que era uma amiga totalmente inadequada e tinha arruinado a amizade.

Esse tipo de pensamento pode ser prejudicial à sua saúde mental, pois amplifica o autojulgamento e cria expectativas irrealistas. Também, ele o prepara para sentimentos de depressão, baixa autoconfiança e decepção. Seja um pequeno contratempo no seu dia ou um pequeno contratempo em situações sociais, esse tipo de pensamento tende a levar à crítica interna e a uma sensação de fracasso.

O antídoto para o pensamento tudo ou nada é praticar o pensamento "meio-termo" – em outras palavras, entender que há um meio-termo e que erros e contratempos são uma parte natural da vida. Capturar instâncias de pensamento tudo ou nada e então reformulá-las com pensamentos mais matizados é uma maneira de praticar o pensamento meio-termo. Por exemplo, em vez de me rotular como uma mãe terrível, eu poderia reconhecer: "Eu sou uma boa mãe e não lidei com essa situação como gostaria de ter feito".

E para algum suporte extra, considere tentar esse truque linguístico simples, mas eficaz, para ajudar a sair do pensamento tudo ou nada e ir em direção a um pensamento mais equilibrado. Preste atenção em como você costuma usar a palavra "mas" para desqualificar ou negar algo que de outra forma seria bom. Por exemplo, você pode dizer: "A festa foi legal, mas eu fiz papel de bobo por ser estranho". Observe como a segunda parte da frase invalida o aspecto positivo.

Em vez disso, substitua "mas" por "e". Por exemplo, "A festa foi legal, e eu tive um momento estranho". Ou "Hoje foi um bom dia, e houve alguns momentos desafiadores".

Essa pequena mudança linguística ajudará você a desafiar o padrão de pensamento binário e a adotar uma perspectiva mais sutil. Ela permite que você reconheça aspectos positivos e desafiadores de suas experiências, promovendo uma mentalidade equilibrada e resiliente.

Se você tentar adotar uma mentalidade de pensamento meio-termo, poderá operar com expectativas mais realistas para si mesmo e reconhecer as dificuldades sem entrar em espiral. Essa mudança de perspectiva permite que você aborde os desafios da vida com a compaixão que você merece e a resiliência dentro de você.

Cuidado com o viés de confirmação

Nossas mentes são excepcionais em escanear o mundo em busca de evidências que apoiem nossas crenças ou hipóteses preexistentes. Esse conceito, conhecido como viés de confirmação, desempenha um papel significativo na formação de nossas percepções da realidade. Seu cérebro naturalmente prioriza informações que confirmam suas noções preconcebidas, enquanto minimiza ou desconsidera evidências contraditórias. Esse atalho ajuda seu cérebro a processar informações de forma mais eficiente para que você possa tentar gerenciar a vasta quantidade de informações que encontra diariamente. Embora seja um atalho útil, também pode causar percepções distorcidas da realidade.

Esse viés se manifesta em vários aspectos de nossas vidas. Por exemplo, pessoas que lutam contra a ansiedade podem se concentrar seletivamente em evidências que confirmam seus pensamentos ansiosos, enquanto aquelas que acreditam ser incompetentes podem se fixar em casos em que sentem que cometeram um erro. Ou se você acredita que alguém não gosta de você, sua mente procurará evidências de desprezos que eles fizeram em relação a você.

Também é crucial reconhecer que a influência do viés de confirmação se estende além das experiências individuais e desempenha um papel na formação de narrativas sociais. O viés de confirmação pode contribuir para a perpetuação de estereótipos raciais prejudiciais e a formação de crenças imprecisas sobre grupos de pessoas.

A conscientização sobre o viés de confirmação é o primeiro passo para mitigar sua influência. Para combater esses pensamentos quando eles se tornarem aparentes, primeiro observe e nomeie que você tem um filtro e, em seguida, tente buscar lentes ou perspectivas diversas ou alternativas e se envolva em conversas que desafiem suas crenças existentes. Isso pode ajudar a ampliar sua compreensão e reduzir o impacto do viés de confirmação em sua tomada de decisão.

Exponha as histórias que seu cérebro está contando a você

As nossas mentes são mestres contadores de histórias. Assim que temos experiências, nossas mentes saem correndo, contando histórias selvagens relacionadas aos eventos. Essas histórias se desenrolam rápida e automaticamente, muitas vezes passando despercebidas. Por exemplo, após uma interação social estranha ou um erro em uma tarefa, sua mente pode criar histórias como "Eu sou socialmente desajeitado" ou "Eu sou incompetente".

Reconhecer e "captar" a história que sua mente está lhe contando a qualquer momento é uma prática poderosa. Ao se tornar consciente da narrativa que está acontecendo em sua mente, você ganha a oportunidade de expô-la, de se desvencilhar dela e de reivindicar o poder de controle sobre sua mente.

Para fazer isso, pergunte a si mesmo: "Qual é a história que minha mente está tecendo atualmente?" Apenas o ato de reconhecer a história reduz seu domínio sobre você. Alternativamente, você pode tentar visualizar a narrativa como um filme que você está assistindo ou um livro que você está lendo. Contemple: "Qual título encapsularia melhor esta criação cinematográfica ou literária?" Esse exercício reconhece a presença da história (diminuindo, assim, sua influência) enquanto também permite que você a perceba como uma entidade distinta em vez de uma realidade inquestionável.

Pensar em seus pensamentos como histórias pode ajudá-lo a se desvencilhar de suas garras e permitir que você crie narrativas mais fortalecedoras que se alinhem com seu verdadeiro eu.

Mude o relacionamento com seus pensamentos

Seus pensamentos têm um impacto profundo em seu bem-estar mental. Embora certas terapias, como a terapia cognitivo-comportamental (TCC), enfatizem a mudança de seus pensamentos, muitas pessoas autistas acham que se envolver nessas técnicas pode ter efeitos adversos. Pode parecer que isso vai invalidar ou subestimar nossas experiências de marginalização, ou que pode levar a um efeito rebote, em que nos tornamos mais entrincheirados em uma luta corpo a corpo com nossos pensamentos, resultando em debates internos intensificados e maior sofrimento.

Devido à habilidade única que muitas pessoas autistas têm de perceber as coisas de vários ângulos, mudar seus pensamentos pode nem sempre ser tão eficaz. Na minha experiência pessoal, e pelo que observei em muitas pessoas autistas, tendemos a ter mais sorte quando mudamos nossa relação com nossos pensamentos do que quando mudamos nossos pensamentos em si. Ao mudar sua relação com seus pensamentos, você pode cultivar uma conexão mais saudável e equilibrada com eles.

Conforme discutido na seção "Exponha as histórias que seu cérebro está contando a você" (neste capítulo), uma maneira de lidar com isso é lembrar que você não precisa acreditar em todos os pensamentos que vêm à sua mente. Em vez disso, tente pensar em sua mente como uma terceira pessoa que está surgindo com essas ideias.

Por exemplo, quando percebo uma conversa interna negativa, posso dizer: "Minha mente está me dizendo que não estou bem agora". Da mesma forma, em sessões de terapia, posso refletir para um cliente: "Então sua mente está falando sobre o quão ruim você está agora". Ao tratar sua mente como se fosse outra entidade, você ganha uma sensação de distância. Essa prática permite que você observe os pensamentos da mente sem aceitá-los automaticamente como fatos ou verdades absolutas.

Outra técnica para se desvencilhar dos seus pensamentos é a desfusão cognitiva. Ela envolve reconhecer que os pensamentos são eventos mentais e não verdades objetivas. Ao visualizar os pensamentos como nuvens passageiras no céu ou trens se movendo rapidamente, você pode praticar permitindo que eles venham e vão sem se enroscar em seu conteúdo. Essa perspectiva metafórica ajuda a cultivar um senso de desapego enquanto você observa seus pensamentos à distância sem se sentir compelido a agir ou a acreditar em cada um deles.

Para uma breve autoavaliação, cortesia do meu colega Wes Gos, um terapeuta autista vindo do Canadá, pergunte a si mesmo: "Você está tendo o pensamento ou o pensamento está tendo você?" Se você descobrir que o pensamento é quem orquestra o show, é hora de se afastar um pouco dele e ver se você consegue se desvencilhar!

Praticar a autocompaixão é outra maneira poderosa de se libertar de pensamentos dolorosos. Você pode considerar oferecer gentileza em vez de se julgar duramente ou ficar preso na autocrítica. Normalizar a experiência de pensamentos intrusivos ou inúteis pode reduzir seu impacto. Em vez de se envolver em uma briga com a precisão do pensamento, você pode simplesmente reconhecê-lo como um pensamento doloroso que está vivenciando.

O objetivo não é eliminar todos os pensamentos negativos ou angustiantes – isso é irreal –, mas sim se relacionar com eles de uma forma mais saudável e equilibrada. Ao mudar seu relacionamento com seus pensamentos, você pode cultivar maior flexibilidade mental e uma sensação de amplitude e liberdade interior.

Identifique distorções cognitivas

Nossas mentes são notavelmente sorrateiras e enganosas, empregando filtros conhecidos como distorções cognitivas para os acontecimentos. Esses filtros podem influenciar sutilmente nosso bem-estar mental, muitas vezes levando a pensamentos negativos e ao autojulgamento.

Para entender as distorções cognitivas, pense nelas como algo semelhante a usar óculos de sol azuis que colorem tudo o que você vê. Assim como a tonalidade azul distorce sua percepção visual, as distorções cognitivas distorcem sua compreensão da realidade, reforçam crenças negativas e contribuem para o sofrimento emocional.

Tornar-se ciente dessas distorções permite que você se distancie e se liberte de suas garras. Em vez de tentar argumentar para sair delas, você pode se beneficiar mais aprendendo a se desvencilhar dessas distorções – como descobri ser o caso de pessoas autistas com quem trabalhei.

Aqui estão algumas distorções cognitivas comuns para se ter em mente:

- *Pensamento tudo ou nada*: envolve perceber situações em termos extremos de sucesso ou fracasso sem considerar as áreas de entremeio entre elas. Isso pode limitar sua capacidade de ver nuances, dificultar a resolução de problemas e levar a pensamentos excessivamente negativos. Veja mais sobre esse tópico na seção "Pratique o pensamento 'meio-termo'" (neste capítulo).

- *Generalização excessiva*: envolve tirar conclusões amplas com base em evidências limitadas ou em uma única experiência negativa. Essa atitude pode perpetuar crenças negativas, contribuir para as dúvidas e criar uma percepção estreita e tendenciosa de si mesmo e do mundo.
- *Tirar conclusões precipitadas*: ocorre quando você faz suposições ou interpretações negativas sem evidências suficientes. Isso pode alimentar ansiedade, prejudicar relacionamentos e levar a mal-entendidos, visto que você se apressa em fazer julgamentos sem considerar explicações alternativas ou reunir informações suficientes.
- *Raciocínio emocional*: envolve basear a verdade ou validade de um pensamento em suas emoções em vez de evidências objetivas. Por exemplo, se você se sente ansioso sobre fazer uma apresentação e pensa: "Estou tão ansioso, então devo ser péssimo em falar em público", você está executando um raciocínio emocional. Essa distorção cognitiva pode intensificar o sofrimento emocional, pois seus sentimentos ditam seus pensamentos e decisões.
- *Leitura da mente*: ocorre quando você assume que sabe o que os outros estão pensando ou como eles o percebem sem evidências concretas. Esse comportamento pode minar sua autoconfiança, criar ansiedade social e levar a interpretações equivocadas e mal-entendidos em suas interações com os outros.
- *Previsão do futuro*: a previsão do futuro envolve fazer previsões e suposições sobre eventos futuros, geralmente com base em informações limitadas ou preconceitos pessoais. Isso pode levar à preocupação excessiva, à ansiedade e a um foco irrealista nos piores cenários.

Reflita sobre quais distorções sua mente é propensa. Da próxima vez que você notar sua mente filtrando sua realidade por essas lentes, faça uma pausa e nomeie conscientemente o que está acontecendo. Por exemplo, diga: "Agora mesmo, minha mente está se fazendo uma leitura mental sobre o que os outros pensam de mim". Identificar a distorção cognitiva em ação ajuda você a se desvencilhar dos pensamentos e roteiros dolorosos, afrouxando seu controle no momento e capacitando você a recuperar o poder sobre seu próprio pensamento. Tenha em mente que o objetivo não é eliminar esses pensamentos completamente – isso não é realista –, mas sim reduzir o controle deles sobre você no momento presente, aumentar seu senso de poder de ação e melhorar sua saúde mental (lembre-se, tente ter o pensamento em vez de deixar o pensamento ter você!).

Desconecte-se: sete maneiras de se desconectar de pensamentos dolorosos

Desconectar-se ou desarmar-se de pensamentos dolorosos é uma habilidade comumente ensinada na terapia de aceitação e comprometimento (ACT, do inglês, *Acceptance and Commitment Therapy*). Essa prática pode ser muito útil se você tem uma tendência a pensamentos ansiosos, a diálogos internos negativos, à ruminação ou à intrusão frequente de distorções cognitivas em sua mente!

Aqui estão algumas estratégias para ajudar você a se libertar de pensamentos angustiantes e dolorosos:

- *Rotulagem de pensamentos*: pratique a rotulagem de pensamentos dizendo: "Percebo que estou tendo o pensamento de que..." antes do seu pensamento angustiante. Esse ato simples o ajuda a se distanciar do pensamento e a vê-lo pelo que ele é – um pensamento doloroso com o qual sua mente está "presenteando" você.

- *Músicas bobas*: coloque seus pensamentos dolorosos em uma música boba, como "Parabéns para você" ou uma cantiga de ninar. Cante o pensamento em voz alta com melodias divertidas para diminuir seu aperto.
- *Visualização de nuvens*: imagine seu pensamento angustiante como uma nuvem passando no céu. Observe-a se afastar sem se segurar nela. Reconheça que os pensamentos, como as nuvens, vêm e vão. Você também pode usar imagens alternativas, como um trem ou um carro passando, ou uma folha flutuando em um riacho.
- *Observação consciente*: realize uma observação consciente descrevendo os detalhes do seu pensamento angustiante. Observe-o como faria com uma pintura, notando suas cores, formas e padrões.
- *Agradecendo à sua mente*: agradeça à sua mente por gerar o pensamento, reconhecendo que ela está tentando protegê-lo. Então, gentilmente, deixe-a saber que você tem as coisas sob controle por enquanto.
- *Respiração e liberação*: Ao inspirar, reconheça seu pensamento doloroso. Ao expirar, imagine liberá-lo com sua expiração. Essa prática pode lhe ajudar a se livrar do controle do pensamento sobre você.
- *Escultura de pensamento*: trate seu pensamento como um escultor trataria a argila. Molde-o em formas ou personagens divertidos para torná-lo menos intimidador.
- *Um ritual de gratidão*: pratique um breve ritual de gratidão nomeando três coisas pelas quais você é grato sempre que um pensamento angustiante surgir. Essa prática redireciona

sua atenção para a positividade (nossos cérebros têm dificuldade em redirecionar a atenção quando fisgados, e o ritual de gratidão ajuda com isso!).

Você pode empregar essas técnicas sempre que perceber uma distorção cognitiva, uma narrativa angustiante ou um pensamento desafiador. Ao se desligar desses pensamentos dolorosos, você recupera a sensação de controle, permitindo que decida como deseja lidar com eles e gerenciá-los. Esse processo também libera um espaço mental valioso, permitindo que você recupere seu precioso estado mental para investi-lo nas coisas que valoriza e se importa!

Pratique a atenção plena em qualquer lugar

Sabemos que a atenção plena é boa para a saúde mental. Você provavelmente já ouviu isso centenas de vezes! No entanto, a atenção plena pode ser desafiadora para pessoas neurodivergentes (especialmente aquelas cujo autismo vem com um lado de TDAH).

Sentar-se e tentar fazer um exercício tradicional de atenção plena é frustrante e exaustivo para mim. Não é ativo o suficiente, então minha mente naturalmente diverge de cem maneiras distintas! Por esse motivo, prefiro atividades de atenção plena em qualquer lugar, e você também pode.

Tente pensar na atenção plena como uma forma de estar consigo mesmo, mais do que uma atividade silenciosa e parada. Sempre que você observa seus pensamentos sem julgamento ou avaliação, está sendo consciente. Você pode fazer isso onde quer que esteja, e não precisa se envolver em um exercício tradicional de atenção plena, como a meditação, para se relacionar consigo mesmo dessa maneira! Um modo útil de conceituar a atenção plena é pensar em sua mente em duas partes: a parte que observa as coisas e a parte que as avalia.

Na vida diária, frequentemente operamos a partir da parte avaliativa de nossas mentes, com a qual constantemente avaliamos e julgamos nossas experiências. Considere um cenário em que você está fazendo uma apresentação. Enquanto você fala, pensamentos inundam sua mente, avaliando seu desempenho: "Estou falando claramente o suficiente? Perdi algum ponto importante? As pessoas estão engajadas?" Esses pensamentos avaliativos surgem quase de forma automática, moldando sua percepção da situação e influenciando suas emoções – e eles não são um exemplo de ser consciente.

Seu cérebro observador, por outro lado, atua como um espectador e narrador imparcial. Quando está observando, você simplesmente testemunha e reconhece o momento presente sem julgamento. Por exemplo, você pode pensar: "Este é um momento desafiador" ou "Estou estressado com essa interação" enquanto observa e narra sua experiência. Abraçar sua mente observadora permite que você cultive a consciência sem julgamento e pratique a atenção plena onde quer que esteja.

Aqui estão algumas atividades de atenção plena em movimento que você pode incorporar à sua vida diária:

- *Identifique o roteiro*: tome consciência dos pensamentos ou padrões recorrentes que surgem em sua mente. Observe as narrativas ou histórias que se desenrolam e reconheça-as como roteiros mentais.
- *Nomeie o pensamento*: pratique rotular seus pensamentos com uma observação simples, como "Estou percebendo que estou tendo o pensamento ______". Por exemplo, se o pensamento "Não sou bom o suficiente" surgir, você pode dizer: "Estou percebendo que estou tendo o pensamento 'Não sou bom o suficiente'". Esse processo de nomeação

coloca sua mente observadora *on-line*, o que ajuda a criar distância do pensamento e permite que você ganhe uma perspectiva consciente em sua experiência atual.

- *Separe-se um pouco de sua mente*: entre em uma conversa com sua mente, tratando-a como uma entidade separada, e não tenha medo de adicionar um toque de atrevimento ao interagir com ela!

A atenção plena nem sempre precisa ser sobre manter um estado fixo de foco. Em vez disso, apenas se relacione com seus pensamentos com abertura, sem julgamento e curiosidade.

Expanda sua "janela de tolerância"

A "janela de tolerância" é um conceito que representa a capacidade do seu corpo de lidar e responder a vários níveis de estresse. Quando você está dentro da sua janela de tolerância, está em um estado equilibrado, capaz de pensar claramente, se envolver com outras pessoas e lidar com estressores diários de forma eficaz.

Quando você excede o limite superior da sua janela, você pode entrar em um estado hiperexcitado caracterizado por ansiedade, agitação e pânico. Por outro lado, se você cair abaixo do limite, pode entrar em um estado hipoexcitado, marcado por dissociação, fadiga, dormência e uma sensação de distanciamento.

Pessoas neurodivergentes tendem a ter uma janela de tolerância menor, o que significa que entramos mais facilmente em um estado estressado. No entanto, a boa notícia é que você pode expandi-la, possibilitando que você lide com uma gama mais ampla de experiências emocionais e sensoriais. Ao trabalhar ativamente na expansão da sua janela de tolerância, você pode aumentar a resiliência e navegar em situações desafiadoras com mais facilidade, já que você está respondendo de um lugar de equilíbrio e harmonia interior.

Aqui estão algumas maneiras de cultivar uma janela mais ampla de tolerância:

- *Pratique a autorregulação*: habilidades de autorregulação ajudam você a reconhecer e gerenciar suas emoções de forma eficaz. Técnicas de aterramento e estratégias de relaxamento podem lhe ajudar a regular seu sistema nervoso durante situações desafiadoras.
- *Priorize o autocuidado*: certifique-se de praticar o autocuidado que nutre sua mente e seu corpo, o que ajuda a sustentar um sistema nervoso resiliente.
- *Estabeleça limites*: estabeleça e mantenha limites saudáveis em seus relacionamentos e vida diária. Aprenda a dizer não quando necessário e priorize suas necessidades para evitar ficar sobrecarregado.
- *Faça terapia*: procure suporte profissional de um terapeuta especializado em trauma ou gerenciamento de estresse. A terapia pode fornecer ferramentas e estratégias valiosas para processar emoções difíceis, curar feridas passadas e expandir sua janela de tolerância.
- *Mapeie seu sistema nervoso*: você pode explorar o mapeamento do sistema nervoso por conta própria ou com a orientação de um terapeuta ou *coach*. Esse processo envolve identificar e rastrear os estados do seu sistema nervoso, ajudando você a obter uma compreensão mais profunda do seu estado atual e permitindo uma melhor autorregulação.
- *Priorize a saúde intestinal*: nutrir seu intestino por meio de uma dieta balanceada, probióticos e práticas de alimentação

consciente pode dar suporte a um sistema nervoso mais saudável e contribuir para uma maior janela de tolerância (cf. "Favoreça sua saúde intestinal", no capítulo 2, para obter mais informações).

- *Aumente o tônus vagal*: adote práticas que aumentem o tônus vagal (cf. "Estimule seu nervo vago para aliviar o estresse", no capítulo 2). A estimulação do nervo vago pode reduzir o estresse.
- *Obtenha* biofeedback: melhore as habilidades de autorregulação e expanda sua capacidade de tolerar emoções e situações desafiadoras por meio do treinamento de *biofeedback*, que consiste em ganhar consciência de suas respostas fisiológicas, como frequência cardíaca, temperatura da pele e tensão muscular, e aprender técnicas para influenciar essas respostas. Para começar com o *biofeedback*, você pode procurar profissionais qualificados ou usar dispositivos e aplicativos de *biofeedback* em casa que são projetados para ajudá-lo a desenvolver essas habilidades.

Expandir sua janela de tolerância é um processo gradual que requer paciência e persistência, mas vale a pena o esforço. À medida que você expande sua janela de tolerância, você se verá mais bem equipado para enfrentar os desafios da vida com maior facilidade.

5

Autocuidado social

Alguns anos atrás, escrevi "Minha alma anseia por conexão, e meu corpo anseia por isolamento". Por um lado, anseio por conexão, comunidade e pertencimento. Por outro, estar em uma sala com outro corpo humano me sobrecarrega. Sem mencionar os desafios de navegar pelas diferenças sociais, dinâmicas de grupo e interações entre neurotipos! Você também pode reconhecer alguns desses sentimentos.

De limitações sensoriais a diferenças culturais e de comunicação, a ser incompreendido por aqueles ao nosso redor, pessoas autistas encontram inúmeras barreiras quando se trata de estabelecer conexões sociais e um senso de pertencimento. Entretanto, a conexão social é incrivelmente importante para a saúde geral, tanto física quanto mental! Descobrir como se conectar autenticamente com as pessoas enquanto permanece fiel a si mesmo é um poderoso ato de autocuidado.

Quando se trata de autocuidado social, há dois aspectos distintos a serem considerados: primeiro, como navegar em um mundo alístico com o mínimo de dano a si mesmo, e, segundo, como forjar relacionamentos autênticos e significativos. Esses objetivos são ligeiramente diferentes, porque as estratégias que ajudam você a sobreviver em um mundo alístico podem ajudá-lo a garantir um emprego ou acessar educação, mas podem não ser as estratégias certas para promover um senso genuíno de conexão com os outros. Este capítulo abordará ambos os objetivos sociais.

Os tópicos são divididos nas categorias de relacionamentos autênticos, interações com neurotípicos, relacionamentos saudáveis e relacionamentos românticos. As seções se concentram em uma variedade de tópicos, como explorar necessidades sensoriais conflitantes, adotar estilos de comunicação autistas, uso estratégico de autorrevelação e muito mais. Você tem muito a oferecer àqueles ao seu redor – construir relacionamentos fortes pode promover conexões significativas que o ajudam a se sentir visto e realizado.

Relacionamentos autênticos

Crie conexões por meio de interesses especiais

Enquanto pessoas alísticas geralmente estabelecem relacionamentos batendo papo e por conversas sociais, pessoas autistas geralmente sentem o mais forte senso de conexão ao se envolver com outras pessoas por interesses e valores compartilhados. Parte de cuidar de si mesmo é se conscientizar dessas preferências para que você possa criar experiências sociais que funcionem para você.

Seus interesses e valores estão profundamente integrados à sua identidade e senso de si mesmo. Quando você se aprofunda nas complexidades de um interesse especial, você se abre e compartilha seu mundo interior com outra pessoa. Justamente por seus valores e interesses serem intimamente interligados à sua identidade, é provável que você se sentirá mais conectado com outras pessoas ao se relacionar por valores e interesses compartilhados.

Aqui estão algumas maneiras de criar amizades em torno de seus interesses:

- *Identifique seus interesses especiais*: comece descobrindo suas paixões e interesses, pois eles serão seu ponto em comum com possíveis amigos.
- *Participe de comunidades relevantes*: procure grupos, clubes ou fóruns *on-line* que se alinhem aos seus interesses e valores.
- *Envolva-se ativamente*: participe de discussões e atividades dentro das comunidades que escolheu, compartilhando seus pensamentos e experiências.
- *Seja paciente*: construir amizades autênticas leva tempo, então, permita que as conexões se desenvolvam naturalmente e pratique a paciência.

Ao abraçar o poder de se conectar por meio de interesses e ideais compartilhados, você cria oportunidades de se envolver autenticamente com os outros. Essas conexões podem ser ricas e gratificantes, e isso possibilita que você construa relacionamentos autênticos com base em paixões e valores compartilhados.

Entenda o problema da dupla empatia

Você já sentiu uma desconexão entre você e as pessoas ao seu redor? Construir relacionamentos autênticos pode ser desafiador, principalmente quando você está se esforçando para preencher a lacuna invisível com pessoas não autistas!

Infelizmente, as narrativas predominantes sobre autismo geralmente culpam os encontros sociais fracassados com os "déficits" da pessoa autista. As pessoas apontam o dedo para as pessoas autistas, acusando-nos de falta de empatia e incapacidade de entender as perspectivas dos outros (a capacidade de pensar sobre os estados mentais de outras pessoas é geralmente chamada de "Teoria da Mente"). Essas suposições não consideram que pessoas não autistas também sentem empatia e desafios da Teoria da Mente ao se comunicarem entre diferentes neurotipos.

O "problema da dupla empatia" oferece uma nova perspectiva que desafia essa visão predominante. O Dr. Damian Milton, um sociólogo autista, introduziu esse conceito no periódico Disability & Society, em 2012, para chamar a atenção para as dificuldades mútuas que ambas as partes enfrentam para entender os quadros de referência um do outro. Ele convida as pessoas a reconhecerem que as dificuldades e mal-entendidos que encontram nas interações sociais emergem de uma luta compartilhada para um entender o outro.

Ele reconhece que quando pessoas com diferentes neurotipos interagem, ocorre um ruído na comunicação em ambas as direções. Esse ruído surge não de quaisquer déficits inerentes em indivíduos autistas, mas sim das diferenças nos estilos de comunicação que cada pessoa manifesta. É por meio dessas diferenças que o ruído surge, e quanto maior a lacuna nos estilos neurocognitivos, mais pronunciados os desafios de comunicação.

Apoiando a hipótese de Milton, estudos empíricos (como um publicado pela Frontiers in Psychology, em 2020) mostraram o impacto do neurotipo nas interações sociais. Esses estudos parearam os participantes com base em seu neurotipo e revelaram que pessoas autistas foram capazes de construir relacionamentos harmoniosos efetivamente uns com os outros, assim como indivíduos não autistas. No entanto, os pares mais desafiadores foram os formados por indivíduos autistas e não autistas. Outras pesquisas mostraram que pessoas autistas experimentam maior proximidade, harmonia, reciprocidade e conforto ao revelar informações pessoais quando estão com outras pessoas autistas, e faz sentido que pessoas autistas achem mais fácil estabelecer conexões com outras pessoas que compartilham nosso neurotipo!

O ponto-chave a ser lembrado com o problema da dupla empatia é que você tem uma cultura e um estilo de interação social distintos, não um déficit em habilidades sociais.

Dificuldades de comunicação social ocorrem no espaço entre dois estilos diferentes e não ocorrem por causa de uma pessoa apenas. Tente rejeitar essas narrativas simplistas que colocam a culpa na pessoa autista e, em vez disso, observe esse desafio através de uma lente transcultural mais ampla.

Podemos construir laços sociais mais fortes se todos coletivamente assumirem a responsabilidade de entender e abraçar uns aos outros. Ao valorizar uma diversidade de estilos de comunicação, podemos forjar conexões mais profundas, cultivar a empatia e celebrar a beleza da neurodiversidade.

Adote a comunicação de alto contexto

Pessoas autistas têm um estilo de comunicação distinto. Um componente disso é a comunicação carregada de contexto, que pode parecer trazer muitas informações. Ao compartilhar uma ideia, sinto-me compelida a fornecer o contexto completo. Por exemplo, durante um episódio recente de *podcast*, compartilhei um exemplo simples de como a compreensão da minha neurodivergência melhorou a comunicação com meu cônjuge. No entanto, me vi detalhando toda a história de como meu cônjuge e eu chegamos a essa conversa! Para cada ideia que tenho existe em um contexto específico. O contexto permeia todos os aspectos dos meus pensamentos e esse modelo pode fazer sentido para você também.

Ainda, não é apenas o fato de que nos comunicamos de uma forma muito carregada de contexto; também precisamos de contexto para, como ouvintes, compreender. Isso pode envolver fazer inúmeras perguntas. Muitos de nós construímos mapas de contexto mental para fornecer estruturas para ancorar as informações. Você pode perceber que precisa de mais contexto do que um falante alístico está fornecendo, e isso é perfeitamente normal! Seu cérebro está buscando contexto para facilitar a compreensão e a retenção de ideias.

Algum desconforto pode surgir, porque pessoas autistas são frequentemente castigadas por "fornecer muitos detalhes". Embora seja bom estar ciente de que nem todos podem ter paciência para seu estilo de comunicação carregado de contexto, você não deve se sentir envergonhado disso.

Aqui estão algumas maneiras de adotar a comunicação de alto contexto:

- Se você tiver dificuldade em saber quais perguntas contextuais fazer, considere se preparar com antecedência. Pense nas peças mais críticas de contexto que você precisa para navegar em uma conversa específica.
- Ao responder a perguntas sem contexto, ter algumas *frases-chave* em mãos pode ser útil para aqueles momentos em que você se sente confuso.

  Por exemplo, você pode responder com: "Essa pergunta é meio vaga; você pode me dar mais contexto sobre o motivo da sua pergunta?" Ou, quando alguém pede algo amplo, como "Fale sobre você?", você pode responder com: "Essa é uma pergunta ampla; o que especificamente você gostaria de saber?"

- Também é útil reconhecer que nem todo mundo pode ter paciência para o nível de detalhes que você naturalmente fornece (ou pede). Uma abordagem é *fazer um acompanhamento* mais tarde ou por e-mail com perguntas adicionais, permitindo que você se aprofunde nos detalhes quando for o momento certo. Você pode até perguntar à pessoa: "Seria melhor se eu fizesse um acompanhamento por e-mail com perguntas adicionais?" Dessa forma, se a pessoa estiver no meio de uma transição ou ocupada, ela pode responder às suas perguntas em um momento mais conveniente.

Seu cérebro naturalmente associa ideias com seus respectivos contextos, adicionando riqueza aos seus processos de pensamento, e, embora isso nem sempre seja apreciado por quem está ao seu redor, lembre-se de que isso é parte da riqueza que é adicionada ao estilo de processamento profundo dos cérebros autistas.

Conecte-se a outras pessoas por meio da troca de histórias

Você já ouviu um amigo compartilhar algo que aconteceu com ele e, então, respondeu instintivamente compartilhando uma experiência semelhante que você teve? Isso é chamado de troca de histórias e tende a ser um método natural de comunicação para pessoas autistas. Dentro da cultura autista, a troca de histórias serve como um meio de conectar, relacionar e expressar empatia. No entanto, essa tendência é infelizmente muitas vezes malcompreendida pela cultura alística como redirecionar o foco para nós mesmos em vez de realmente tentar nos conectar.

Quando você está entre outros autistas, provavelmente descobrirá que se conectar por meio da troca de histórias compartilhadas é uma maneira natural e confortável de criar vínculos.

Encontrar oportunidades para trocar histórias é uma ótima maneira de criar e fortalecer conexões sociais.

Se você gostaria de tornar sua troca de histórias mais amigável ao interagir com pessoas alísticas, aqui está uma estratégia útil a ser considerada: tente fazer o que eu chamo de "dança de volta": depois de compartilhar sua própria história, faça um esforço consciente para redirecionar a atenção de volta para eles (você está "dançando" a conversa de volta para eles). Por exemplo, depois de compartilhar uma história relacionável, você pode dizer: "Quando isso aconteceu comigo, eu me senti muito vulnerável. Foi intenso para você também?" Alternativamente, se você estiver discutindo uma situação desafiadora de trabalho, você pode fazer uma transição suave dizendo: "Eu vivenciei algo semelhante no trabalho (insira sua história aqui). Foi muito estressante, e eu lembro de me sentir sobrecarregado. Como você lidou com o estresse?" Ao vincular explicitamente sua experiência a deles, você demonstra um interesse genuíno na perspectiva deles e um desejo empático de se conectar e aprender mais.

Também é sempre benéfico abordar as conversas com curiosidade ao invés de assumir como a outra pessoa se sente, pois a maioria das pessoas responde mais positivamente à curiosidade. A abordagem "dançar de volta" permite que você honre seu instinto natural de troca de histórias enquanto aprofunda suas interações.

Brinque em paralelo

Às vezes, brinco dizendo que uma das razões pelas quais me casei com meu marido é porque nossos primeiros encontros giravam em torno de cafeterias, livros e escrita. Nós nos destacamos em brincadeiras paralelas. Brincadeiras paralelas (ou trabalho paralelo) se referem a se envolver em uma atividade solo ao lado de outra pessoa fazendo uma atividade solo semelhante. Para pessoas autistas, brincadeiras paralelas permitem que cada pessoa se envolva em suas próprias atividades enquanto ainda aproveita a presença e a conexão de outra pessoa.

Seja lendo na mesma sala que um parceiro, amigo ou familiar, estudando ao lado de um colega de classe ou passando um tempo imerso em seu interesse enquanto outra pessoa faz o mesmo por perto, brincadeiras paralelas podem ajudar você a formar conexões sociais de uma forma que funcione para você e seu corpo.

Para tentar isso, você pode começar pedindo a um amigo para se juntar a você para jogar *videogames*, visitar uma cafeteria para ler ou estudar. Se o encontro pessoalmente não for viável, é possível explorar opções virtuais. Por exemplo, você pode configurar uma chamada do Zoom e trabalhar em um projeto simultaneamente, criando um espaço de trabalho virtual.

Veja se ambos apreciam o conforto e a proximidade que advém de compartilhar espaço e tempo juntos, mesmo quando buscam seus interesses individuais.

Participe da cultura autista

Nos últimos anos, houve um aumento notável em espaços autistas criados especificamente por e para pessoas autistas. Um artigo publicado em 2019, na Metaphilosophy, descreveu relatos de muitas pessoas autistas tendo uma sensação imediata de pertencimento e se sentindo em casa ao entrar nesses espaços. Curiosamente, quando pessoas alísticas entram nesses espaços, elas geralmente expressam sentimentos de ansiedade, dúvida e confusão sobre como interagir com os outros. Essas observações refletem a existência de uma cultura autista distinta.

Mas o que exatamente é a cultura autista? A cultura autista abrange as experiências compartilhadas, as perspectivas, os valores e os modos de ser que são únicos para a comunidade autista. Ela vai além dos traços individuais e descreve uma cultura coletiva formada pelas vivências de pessoas autistas.

Conectar-se com a cultura autista – seja por meio de espaços físicos, plataformas *on-line* ou comunidades digitais – é uma prática poderosa de autocuidado que permite que você crie vínculos enquanto você é você mesmo. É por meio desses relacionamentos que muitos de nós finalmente experimentamos um senso de pertencimento, conexão e engajamento autêntico. Descobrir os espaços e a cultura autistas pode capacitá-lo a ter a coragem de desmascarar e explorar seu verdadeiro eu.

Aqui estão algumas maneiras de se envolver com a cultura autista como uma forma de construir conexões sociais significativas com a comunidade em geral:

- *Procure comunidades lideradas por autistas*: procure comunidades *on-line*, fóruns e grupos de mídia social que sejam liderados e centrados em vozes autistas. Esses espaços permitem que você interaja com pessoas com experiências e perspectivas semelhantes.
- *Participe de eventos e encontros autistas*: participe de conferências, *workshops*, grupos de afinidade neurodivergentes e encontros especificamente organizados por e para pessoas autistas. Esses eventos oferecem oportunidades de se conectar com outras pessoas, aprender com suas percepções e se envolver em discussões sobre tópicos relevantes para a comunidade autista. (Observação: grupos neurodivergentes estão se tornando mais prevalentes em locais de trabalho e instituições educacionais, portanto, certifique-se de

verificar se sua escola ou local de trabalho oferece essas oportunidades!)

- *Explore artes, literatura e mídia autistas*: mergulhe no rico mundo da criatividade e expressão autistas. Descubra autores, artistas, cineastas e músicos autistas cujas obras refletem as diversas experiências e talentos dentro da comunidade autista. Envolver-se com suas criações pode aprofundar sua compreensão e conexão com a cultura autista.
- *Eduque-se sobre a história e o ativismo autistas*: aprenda sobre a história do movimento pelos direitos autistas, esforços de advocacia e conquistas de ativistas autistas. Familiarize-se com os desafios enfrentados pela comunidade autista e o progresso feito na promoção da aceitação, inclusão e neurodiversidade.
- *Envolva-se no diálogo e ouça as vozes autistas*: busque ativamente perspectivas autistas lendo *blogs*, artigos e livros escritos por autores autistas. Ouça *podcasts* autistas para ouvir sobre as experiências vividas. Considere seguir ativistas, defensores e influenciadores autistas nas mídias sociais para ter novas percepções e se manter atualizado sobre conversas importantes dentro da comunidade autista.

A comunidade autista é um lugar rico no qual você pode fazer conexões que nem sabia que existiam. Tente entrar em contato de maneiras com as quais se sinta confortável – você provavelmente terá experiências interessantes e encontrará conexões significativas.

Adote conversas sobre objetos

A Dra. Marilyn Monteiro é clínica, escritora, pesquisadora e fundadora do MIGDAS, um dos poucos métodos disponíveis para avaliação do autismo. Eu tive um momento de revelação enquanto ouvia seu treinamento sobre como ela avalia crianças autistas. Ela enfatizou o valor de conduzir conversas sobre objetos em vez de conversas sociais ao conhecer crianças autistas pela primeira vez. Conversas sociais, que começam com perguntas como "Como você está?" ou "Fale-me sobre você", geralmente fazem com que crianças autistas congelem e se fechem. No entanto, quando você começa uma conversa aprofundando-se em algo específico, principalmente em um tópico de interesse para a criança, poderá observá-la se abrindo e se envolvendo mais prontamente.

Essa compreensão da conversa sobre objetos *versus* conversa social me ajudou a entender 37 anos de dificuldades de comunicação. Eu sempre me perguntei por que achava perguntas como "Fale sobre você" ou "O que você fez neste fim de semana?" desafiadoras, enquanto eu conseguia mergulhar sem esforço em discussões sobre livros, ideias, filosofia e psicologia. Era porque perguntas sociais geralmente desencadeiam uma mini resposta de congelamento em muitas pessoas autistas. Essas perguntas tendem a ser vagas e abstratas, e é desafiador sintetizar as complexidades de nossos mundos internos em uma única resposta. Além disso, elas também podem parecer intrusivas, agindo como uma demanda sensorial que exige que processemos e respondamos rapidamente.

Pensar nesses estilos de conversa usando um visual pode ajudar você a entendê-los ainda mais profundamente. Para conversas sociais, imagine dois indivíduos se encarando, engajados em um diálogo centrado em si mesmos. Para conversas baseadas em objetos, imagine uma cena em que duas pessoas estão lado a lado, com a atenção direcionada para um cativante pôr do sol enquanto discutem as complexidades de sua beleza. Se você acha que as conversas baseadas em objetos são mais agradáveis para você, abrace-as! Reconhecer e aceitar seus estilos de comunicação preferidos é uma maneira realmente eficaz de cuidar do seu eu social e construir conexões autênticas.

Para adotar conversas baseadas em objetos em sua vida, considere criar iniciadores de conversas que sejam focados em objetos ou tópicos em vez de elementos puramente sociais. Essa mudança proativa pode criar oportunidades para discussões envolventes.

Aqui estão alguns exemplos que funcionam em uma ampla variedade de configurações:

- "Conte-me sobre uma ideia interessante que você aprendeu recentemente."
- "Você leu algum livro bom ultimamente?"
- "Qual é uma notícia fascinante que chamou sua atenção recentemente?"
- "Você tem um *hobby* ou atividade específica de que gosta?"

No entanto, você provavelmente ainda se encontrará em conversas sociais. Quando isso acontece, é possível aprender a redirecionar a conversa de volta aos tópicos baseados em objetos enquanto ainda aborda a pergunta inicial. Por exemplo, se alguém disser: "Conte-me sobre você", você pode responder dizendo: "Essa é uma pergunta bem ampla, mas deixe-me compartilhar algumas coisas pelas quais sou apaixonado e passo muito tempo aprendendo". Ao mudar a conversa para espaços mais concretos e sobre objetos, você pode permanecer confortável e fiel a si mesmo enquanto ainda se envolve com a pessoa.

Interações com neurotípicos

Decida se deve contar às pessoas que você é autista

Contar a outras pessoas que você é autista pode ser uma jornada assustadora e indutora de ansiedade, especialmente ao navegar em interações com neurotípicos. A delicada dança de revelar seu verdadeiro eu enquanto luta com o medo de julgamento e equívocos pode tornar o processo desafiador e emocionalmente carregado.

Infelizmente, vivemos em um mundo que ainda estigmatiza fortemente o autismo. Isso significa que quando você escolhe revelar que é autista, há alguns resultados negativos em potencial a serem considerados. Primeiro, a pessoa pode ter uma visão ruim de você e fazer suposições com base em sua compreensão limitada. Segundo, você pode se encontrar na posição de precisar educá-la sobre autismo, o que pode criar constrangimento e tensão dentro do relacionamento.

Quando se trata de autorrevelação, é importante lembrar que não precisa ser uma abordagem do tipo tudo ou nada. A autorrevelação parcial permite que você avalie a resposta da pessoa e tome outras decisões com base nisso.

Exemplos de autorrevelação parcial incluem declarações como:

- "Eu sou neurodivergente."
- "Às vezes preciso de mais tempo para processar informações."
- "Eu nem sempre consigo fazer contato visual."
- "Eu tenho dificuldades com mudanças inesperadas nos planos."

Se a pessoa responder a uma declaração como essa positivamente, mostrando compreensão, você pode se sentir mais confortável em revelar mais sobre si mesmo. No entanto, se a resposta dela for crítica ou não solidária, pode ser mais seguro manter alguma privacidade sobre sua identidade naquele relacionamento específico. Outra vantagem de não compartilhar tudo de cara é que isso permite que a divulgação corresponda ao ritmo de proximidade no relacionamento. O que você escolhe compartilhar em um primeiro encontro pode ser diferente do que você divulga no quinto encontro, visto que a confiança e a proximidade se desenvolvem ao longo do tempo.

Como alternativa, algumas pessoas podem optar pela abertura completa sobre sua identidade autista, pois querem interagir apenas com aqueles que já são autistas afirmativos. Essa também é uma escolha válida (é por isso que escolhi ser uma psicóloga abertamente autista – isso me ajuda a me conectar com pacientes e profissionais autistas). No entanto, nem todo mundo tem o privilégio ou a segurança de ser abertamente autista. Nesses casos, pode ser útil ter declarações de autorrevelação parcial preparadas, permitindo que você navegue nas conversas de forma ponderada e proteja seu bem-estar.

Também é importante priorizar seu próprio bem-estar ao partir para a autorrevelação. Reconheça que você sozinho tem o direito de estabelecer limites e escolher o que você divulga sobre sua identidade neurodivergente. A autorrevelação é uma decisão pessoal baseada no seu nível de conforto e na confiança que você estabeleceu com a outra pessoa. Construir relacionamentos autênticos requer respeito e aceitação mútuos, e decidir o que você compartilha, quando, como e com quem é uma escolha sua. Cercar-se de pessoas compreensivas e receptivas que o respeitam e valorizam por quem é você de fato é um poderoso ato de autocuidado social.

Crie roteiros para a definição de limites e transições

Bater papo e interagir superficialmente pode ser exaustivo e desafiador para muitas pessoas autistas. Roteiros pré-preparados funcionam como uma ferramenta útil para lidar com essas situações e reduzir a ansiedade. Eles são declarações breves ou sinopses que você cria e ensaia antes de se envolver em interações sociais, permitindo que você se sinta mais preparado e confiante nessas situações.

Muitas pessoas autistas adotam essa prática intuitivamente. Por anos, passei muito tempo fingindo conversas. Só depois do meu diagnóstico percebi o que estava fazendo – estava desenvolvendo roteiros sociais e praticando para não me sentir tão desprevenida durante os momentos de interação.

Alguns roteiros podem ser vistos como uma forma de mascaramento, pois envolvem pré-planejamento e ensaio de declarações. Embora eu não esteja defendendo o mascaramento como uma prática comum, esse exercício em particular pode ajudar a reduzir a ansiedade e promover habilidades de autodefesa. Em cenários específicos, usar roteiros preparados anteriormente pode ser benéfico, particularmente quando eles ressoam com seu eu autêntico e agem como ferramentas para a autodefesa. Essa abordagem os transforma em ferramentas para autocapacitação em vez de ferramentas para mascarar sua identidade.

Vamos explorar alguns cenários em que utilizar scripts *sociais pode ser útil*:

- *Estabelecer limites*: definir limites pode ser desafiador, especialmente para pessoas autistas. Aprender e praticar frases simples como "Não, sinto muito, não consigo fazer isso agora" ou "Não me sinto confortável respondendo a essa pergunta" podem ser respostas prontas para momentos de alta pressão quando a formulação de uma declaração de limites na hora for difícil.

- *Bate papo/apresentações*: conversas informais podem frequentemente induzir ansiedade para muitos de nós. É útil ter algumas declarações prontas para responder rapidamente a perguntas, para fazer uma transição da conversa ou para sair educadamente. Por exemplo, ter uma declaração de saída pronta pode ajudá-lo a graciosamente sair da conversa com mais facilidade dizendo: "Foi adorável conversar com você" ou "Foi um prazer conhecê-lo. Essas frases podem ajudá-lo a enfrentar esses momentos com mais facilidade, tornando as interações sociais mais confortáveis.
- *Autodefesa*: há momentos em que defender a si mesmo se torna essencial, especialmente em situações de alto estresse. Durante esses momentos, pode ser desafiador reunir seus pensamentos e expressar suas necessidades de forma eficaz. É útil ter declarações de autodefesa preparadas à sua disposição. Por exemplo, você pode dizer algo como "Estou achando essa situação muito estressante e preciso de um momento para organizar meus pensamentos. Podemos fazer uma pausa por alguns minutos ou você pode me dar algum espaço para me recompor?" Essas declarações preparadas capacitam você a comunicar suas necessidades de forma clara e assertiva, garantindo que suas preocupações sejam abordadas de forma eficaz.

Para aproveitar ao máximo os roteiros sociais, escreva-os e pratique-os em voz alta ou participe de conversas ensaiadas quando estiver sozinho. O objetivo é ficar confortável com as palavras para que, em momentos de alta pressão, haja uma sensação de memória muscular que permita que você diga as palavras com mais facilidade.

O *brainstorming* de roteiros sociais com antecedência pode reduzir a ansiedade e apoiar seu autocuidado social. Usados corretamente, eles podem fornecer uma sensação de empoderamento e confiança, permitindo que você comunique seu eu autêntico aos outros de forma mais eficaz.

Pratique a consciência do contexto

O ajuste de contexto, o processo de adaptação a diferentes normas sociais e comportamentos em diferentes situações e cenários, pode ser desafiador para pessoas autistas. Embora essa dificuldade também seja comumente conhecida como "cegueira de contexto", acho o termo cunhado pela psicóloga autista Dra. Amara Brook, "independência de contexto", mais adequado. Independência de contexto significa que seu comportamento vive e existe independentemente do seu contexto. Isso posto, você pode ter dificuldade para entender como as regras sociais se aplicam em um contexto, mas não em outro. Por exemplo, por que é aceitável fazer certas perguntas em uma reunião social, mas não em um contexto de trabalho? Por que uma certa cantada é apropriada em um bar, mas não no supermercado? Cérebros alísticos captam essas dicas de contexto subcorticalmente, o que significa que seus cérebros as sentem intuitivamente sem ter que decodificar analiticamente todas as regras e normas!

Embora eu reconheça os desafios de não captar intuitivamente as dicas de contexto, não adoto o termo "cegueira de contexto". Em vez de definir essa experiência por nossos déficits, prefiro focar no que somos excelentes – vejo isso como um reflexo de nossa profunda apreciação pela autenticidade e nossa capacidade de permanecermos fiéis a nós mesmos, por isso prefiro o termo "independência de contexto". Temos a tendência de manter nossa autenticidade ao interagir com pessoas de todas as esferas da vida, seja um zelador ou um CEO. Dado o alto valor que damos à autenticidade, muitas vezes achamos que alterar nosso comportamento, ações e palavras para vários contextos não é autêntico. No entanto, como a sociedade opera com base em um livro de regras não escrito, a independência de contexto pode levar a mal-entendidos. Por exemplo, pessoas autistas, particularmente homens cis-héteros (cisgênero-heterossexuais), desproporcionalmente enfrentam acusações de assédio sexual ou perseguição devido a comportamentos causados por dificuldades em entender dicas de contexto em torno de avanços românticos (por exemplo, convidar uma garota para sair várias vezes ou sair intencionalmente onde ele sabe que ela estará para iniciar uma conversa). Essa confusão é especialmente perigosa para homens autistas BIPOC, pois entender essas regras contextuais pode se tornar uma questão de segurança.

Entender dicas de contexto pode ajudar a evitar que você seja demitido, acusado de assédio sexual e/ou outros crimes.

Aqui estão algumas estratégias para navegar no livro de regras oculto:

- *Procure orientação de amigos*: peça a amigos e familiares não autistas para ajudar a decodificar as regras implícitas. Peça o *feedback* deles sobre situações específicas.
- *Reflita sobre as experiências*: reserve um tempo para refletir sobre quaisquer experiências negativas e considere onde as interações deram errado. Havia regras ou expectativas ocultas das quais você não tinha conhecimento, mas agora

sabe? Escrever suas reflexões pode ajudá-lo a desenvolver "modelos sociais" para entender as interações esperadas em diferentes ambientes sociais.

- *Peça* feedback *e regras explícitas dos empregadores*: pode ser particularmente confuso descobrir o protocolo em locais de trabalho, onde socialização e profissionalismo são misturados. Peça aos seus empregadores *feedback* explícito e esclarecimentos sobre as expectativas sociais.

Embora a autenticidade que você traz ao mundo seja algo para enaltecer, ela também pode deixá-lo vulnerável. Por esse motivo, desenvolver algumas habilidades de mudança de contexto pode ser uma maneira importante de se proteger ao interagir com pessoas alísticas. Não se trata de se conformar completamente ou mudar de forma, mudar quem você é, mas sim encontrar um equilíbrio que respeite tanto sua autenticidade quanto as regras sociais invisíveis ao seu redor.

Explore os conflitos

O conflito é algo difícil para todos os humanos, mas é especialmente desafiador quando envolve indivíduos de diferentes neurotipos.

Aqui estão duas percepções colhidas da escola de pancadas e acidentes da minha própria experiência:

- *Considere as emoções de outras pessoas*: como alguém que tende a abordar conflitos com uma mentalidade factual, eu costumava acreditar que se eu pudesse apenas apresentar os fatos, ambas as partes se entenderiam e resolveriam o desacordo. No entanto, percebi que muitas pessoas alísticas operam mais com suas emoções durante o conflito.

Oferecer validação emocional como "Isso parece muito doloroso" ou "Faz sentido que você se sinta assim" ajuda muito a diminuir o conflito.

- *Às vezes, menos é mais*: durante os conflitos, tendo a explicar demais e fornecer contexto excessivo, acreditando que se a outra pessoa entendesse o contexto completo e a dinâmica relacional, poderíamos efetivamente trabalhar com o problema. No entanto, minha irmã uma vez me ofereceu uma valiosa percepção: "Quando você fornece detalhes extras, isso pode parecer uma atitude defensiva. Às vezes, menos é mais." Eu não tinha percebido que meu forte desejo de ser compreendida era percebido como uma atitude defensiva. Esse *feedback* provou ser inestimável. Embora possa ser desafiador de adotar esse comportamento, descobri que é bastante útil para apaziguar conflitos.

Gerenciar conflitos não é necessariamente uma parte divertida do autocuidado, mas vale o tempo e o esforço para tentar tornar os desentendimentos mais civilizados e produtivos.

Relacionamentos saudáveis

Identifique os sinais vermelhos e os sinais verdes nas amizades

Pessoas autistas são mais vulneráveis a aproveitadores, porque temos mais dificuldade em ler sinais sociais e reconhecer comportamentos enganosos.

É por isso que uma prática útil de autocuidado social é refletir sobre os sinais vermelhos e sinais verdes em amizades e relacionamentos – em outras palavras, sinais positivos e negativos que podem ajudar você a avaliar se uma amizade é saudável.

Aqui estão dicas para lhe ajudar a pensar sobre o que você quer em uma amizade:

- Quais qualidades ou ações fazem você se sentir respeitado em uma amizade?
- Quais estilos ou ações comunicativas contribuem para uma escuta eficaz de um amigo?
- Qual nível de confiabilidade e capacidade de resposta você espera de um amigo?
- Que tipos de apoio e incentivo você valoriza em uma amizade?
- Como você quer que seus traços neurodivergentes sejam respeitados e valorizados em uma amizade?
- Como você prefere que conflitos ou desentendimentos sejam abordados?
- Quais são suas expectativas em relação à privacidade e à confidencialidade?

Ao responder a essas perguntas, preste atenção aos seus instintos para identificar seus sinais verdes pessoais (qualidades que mostram que o relacionamento está atendendo às suas necessidades) e os sinais vermelhos (relativas a comportamentos que não se alinham com suas preferências). Amizades gratificantes são uma parte importante da sua vida social, e saber o que funciona e o que não funciona para você ajudará a cercar-se de amigos que amam respeitam do jeito que você é.

Lide com a sensibilidade à rejeição

"Sensibilidade à rejeição" é um termo que descreve uma sensibilidade elevada e uma reação emocional intensa à rejeição percebida – e é comum entre pessoas que têm TDAH e pessoas autistas. A sensibilidade à rejeição faz muito sentido de uma perspectiva de evolução social. Nos tempos antigos, pertencer a um grupo era crucial para a segurança de uma pessoa. Ser excluído ou condenado ao ostracismo representava ameaças significativas à sobrevivência, tornando o pertencimento sinônimo de sobrevivência em si!

Mesmo que a vida seja diferente hoje em dia, pertencer a um grupo social ainda é uma parte vital do ser humano. Como pessoas autistas, muitas vezes nos sentimos como estranhos, frequentemente experimentando ameaças ao nosso senso de pertencimento. Consequentemente, nossas respostas de luta ou fuga podem ser desencadeadas como se nossa própria sobrevivência estivesse em jogo. Apesar do entendimento moderno de que não é uma situação de vida ou morte, nossos corpos continuam a reagir como se fosse.

A sensibilidade à rejeição prega várias peças no seu cérebro. Quando você está acostumado a sentir rejeição, sua mente se torna mais sintonizada com isso. E como as pessoas autistas vivenciam mais rejeição, nossos cérebros geralmente são preparados para vê-la! Essa varredura inconsciente por sinais de rejeição pode resultar em "alarmes falsos", situações em que percebemos a rejeição mesmo quando ela não está presente de fato. O menor olhar, tom de voz ou comentário pode desencadear sentimentos de rejeição. Quando isso acontece, podemos perder a conexão com um novo amigo ou aprofundar uma amizade existente.

Tomar consciência desse fenômeno ajudará você a minimizar seus impactos em seus relacionamentos. Então, você pode passar a reconhecer quando a sensibilidade à rejeição está em jogo, dizendo a si mesmo: "Essa é a minha sensibilidade à rejeição agindo". Declarações como essa criam alguma distância da reação emocional imediata e permitem que você se desconecte dela. Por fim, pense sobre aqueles primeiros humanos e aceite as forças biológicas arraigadas em jogo. Essa prática também pode ajudar a aliviar sentimentos de vergonha sobre sua sensibilidade à rejeição, porque você pode colocá-la dentro da trama maior da história humana.

Equilibre o tempo dedicado a conexões sociais e o tempo sozinho

Antes de descobrir que era autista, eu tinha muitos "deveria" comandando o *show*. Eu deveria ir àquela festa; eu deveria bater papo. Agora sei que pessoas autistas usam regularmente essas estratégias compensatórias (comportamentos que envolvem forçar a si mesmo a fazer coisas não naturais para parecer menos autista). Uma maneira pela qual isso geralmente aparece é forçando-se a socializar quando você está com pouca energia social.

Muitas pessoas autistas têm uma bateria social muito menor do que a pessoa média. Também, podemos gostar menos de socializar do que outras. Pessoalmente, aprendi que reuniões maiores, especialmente em ambientes fechados, sobrecarregam meu sistema nervoso e desencadeiam um estado de congelamento (dissociação discreta devido à sobrecarga sensorial). Em tais estados, aproveitar a socialização se torna desafiador ou até mesmo impossível. Como parte do meu regime de autocuidado, agora priorizo eventos sociais nos quais posso estar realmente presente e engajada. Para mim, isso significa aproveitar caminhadas ao ar livre com amigos, jogar com meus familiares mais próximos e conectar-me por e-mail, texto e outras formas que não exijam muitas pessoas juntas em uma sala.

Isso também significa que eu digo não a mais coisas, sem culpa. Eu foco em dizer sim a eventos que se alinham com minhas preferências sociais. Eu considero conscientemente minhas "colheres sociais" (neste contexto, colheres são unidades de energia que representam minha capacidade de interação social) e as invisto estrategicamente em interações significativas. Você pode fazer a mesma coisa para seu plano de autocuidado - avalie o que funciona para você, então participe de eventos que lhe agradem e recuse convites para reuniões que criem estresse e desconforto.

Finalmente, saiba que não há problema em gostar de ficar sozinho - isso não significa que há algo errado com você se não precisa de muita socialização. Então, vá em frente e recarregue essa bateria social e passe um tempo fazendo coisas que você gosta! Respeitar seus limites sociais é essencial para construir relacionamentos saudáveis e gratificantes.

Relacionamentos românticos

Gerencie as necessidades sensoriais conflitantes

Relacionamentos românticos desempenham um papel significativo em muitas de nossas vidas e é essencial considerar de que maneira as suas práticas de autocuidado podem atender às necessidades únicas que surgem nesses relacionamentos. Dependendo do perfil sensorial do seu parceiro e o seu, você pode estar trabalhando com conjuntos de necessidades muito diferentes. Por exemplo, um parceiro pode ter uma tendência a comportamentos de busca sensorial com contato, enquanto o outro pode ser mais evitativo sensorialmente. Da mesma forma, um pode encontrar conforto em movimentos de busca sensorial, enquanto o outro pode ser sensível ao som, achando os movimentos frequentes do parceiro angustiantes para seus sentidos.

O principal a ter em mente ao classificar as necessidades sensoriais é que se trata de uma questão de atender às necessidades sensoriais conflitantes, não uma questão de falhas de caráter. Sem essa mentalidade, é fácil recorrer a atribuições baseadas em caráter, como rotular alguém como "muito barulhento" ou "muito sensível". Ao adotar uma lente cooperativa, você pode mudar o foco de atribuir culpa para simplesmente reconhecer a dinâmica sensorial envolvida. Essa mudança faz a transição da discussão para resolução efetiva de problemas. Em vez de vê-la como um reflexo de inadequações individuais, você pode reconhecê-la como um obstáculo mútuo que requer resolução.

Para gerenciar as necessidades de ambas as partes, considere seguir estas etapas:

1. Identifique as necessidades sensoriais de cada parceiro;
2. Identifique áreas de alto conflito;
3. Desenvolva soluções conjuntas que atendam às preferências sensoriais de todos.

Essa abordagem promove um relacionamento que valoriza e acomoda experiências sensoriais diversas e permite que você aproveite o tempo com seu parceiro. Quando suas necessidades sensoriais forem atendidas, você se sentirá mais relaxado, aterrado e capaz de realmente se conectar com seu parceiro.

Explore o gênero e a sexualidade

Pessoas autistas tendem a divergir das normas cis-hétero (cisgênero-heterossexuais) mais do que suas contrapartes alísticas. Para alguns de nós, conformar-se às normas cis-hétero tem sido um aspecto integral do nosso mascaramento, tornando a jornada para descobrir nossas identidades de gênero e sexuais particularmente complexa, especialmente se as descobrirmos mais tarde na vida.

Entender seu gênero e identidade sexual é a base para estabelecer relacionamentos românticos significativos e autênticos.

Essa exploração abrange várias dimensões, incluindo o gênero, a sexualidade, as preferências de relacionamento e o envolvimento com a cultura *kink*.

Ao se desmascarar, considere estes aspectos:

- *Identidade de gênero*: pessoas autistas se identificam como gênero *queer* em taxas muito mais altas do que pessoas alísticas. Abraçar sua identidade de gênero autêntica enriquecerá suas conexões românticas.
- *Sexualidade*: compreender as nuances de sua sexualidade e suas preferências o ajudará a se comunicar de forma transparente com os parceiros. Se você é *queer*, pode gostar do termo "neuroqueer", que se refere àqueles de nós que são neurodivergentes e também *queer*.
- *Cultura* kink: muitas pessoas autistas encontram consolo na cultura *kink*. Esse reino oferece uma mistura única de brincadeira, segurança sensorial e prazer sensorial elevado dentro do contexto da sexualidade.
- *Poliamor* versus *monogamia*: estudos sugerem uma prevalência de poliamor entre pessoas autistas. Se isso faz sentido para você, converse com seu parceiro(a) no início do seu relacionamento para que vocês possam discutir dinâmicas e estabelecer acordos consensuais.

Ao explorar quem você realmente é, seja gentil e paciente consigo mesmo.

Identifique sua linguagem do amor

"Linguagens do amor" é uma frase cunhada pelo Dr. Gary Chapman em seu livro, de 1992, intitulado *As cinco linguagens do amor: Como expressar um compromisso sincero com seu cônjuge*. Ela descreve as maneiras pelas quais as pessoas preferem dar e receber amor. Ele propôs que as pessoas têm abordagens únicas para expressar e aceitar amor; e sugeriu que, quando os parceiros discutem abertamente essas linguagens do amor, isso pode fortalecer as conexões emocionais e os relacionamentos.

As cinco linguagens do amor do Dr. Chapman incluem:

- Palavras de afirmação: expressar amor e apreciação por meio de elogios verbais, elogios e incentivo.
- Atos de serviço: expressar amor por meio de ações atenciosas e gestos gentis.
- Receber presentes: sentir-se amado por meio de presentes significativos.
- Tempo de qualidade: sentir-se amado ao passar tempo de qualidade e atenção exclusiva.
- Toque físico: sentir-se amado por meio de afeição física, como abraços, beijos, segurar as mãos e outras formas de toque.

Como uma pessoa autista, no entanto, você pode descobrir que algumas dessas linguagens de amor tradicionais não se alinham naturalmente com suas preferências e necessidades sensoriais. Por exemplo, palavras verbais de afirmação podem parecer angustiantes para mim e eu posso apreciá-las mais facilmente na forma escrita. Atos de serviço podem ser sua maneira de demonstrar amor, mas a evasão de demanda ou o esgotamento podem torná-los desafiadores de executar. Ainda, receber presentes pode ser desconfortável devido à dificuldade de esconder emoções e à pressão para responder de forma "apropriada" ao doador do presente. O tempo de qualidade pode ser agradável quando equilibrado com o tempo sozinho, e o toque físico pode ser complicado dependendo das sensibilidades sensoriais!

O que tudo isso resume é que essas linguagens de amor tradicionais podem não funcionar para você – o que é absolutamente bom. Você pode, em vez disso, ter distintas linguagens de amor que se adaptam melhor às suas necessidades e jornadas.

Aqui estão algumas linguagens de amor alternativas para contemplar:

- *Troca de informações ou despejo de informações*: compartilhar paixões e interesses por meio de diálogo apaixonado e se envolver em atividades compartilhadas ou discussões relacionadas aos interesses um do outro.
- *Brincadeira paralela*: se envolver em atividades semelhantes ao lado do outro sem a demanda por uma conversa contínua.
- *Conforto sensorial*: expressar amor em um ambiente sensorialmente amigável ou por meio de objetos de conforto.
- *Respeito pelos limites*: demonstrar amor respeitando os limites pessoais e as sensibilidades sensoriais.
- *Expressões escritas*: escrever notas para expressar sentimentos e comunicar amor.
- *Previsibilidade e rotina*: demonstrar amor ao fornecer um ambiente estável e previsível.

Naturalmente, cada indivíduo é distinto. Você pode se conectar com as linguagens de amor clássicas ou alternativas, aproveitar um pouco de cada uma ou ter suas próprias preferências. O que mais importa é a capacidade de discutir o que você expressa e como vivencia o amor com seu parceiro. Participe de conversas abertas para que todos estejam na mesma página e você e seu parceiro possam se sentir vistos, apreciados e felizes.

Navegue em aplicativos e sites de namoro

Navegar por aplicativos de namoro se tornou um aspecto essencial do namoro moderno. No entanto, isso pode trazer alguns desafios e ansiedades únicos para pessoas autistas. Perguntas sobre revelar ou não seu autismo, lidar com primeiros encontros imprevisíveis e garantir a segurança podem criar um turbilhão de incertezas.

Aqui está uma coleção de dicas para orientá-lo na elaboração de seu perfil, iniciar conversas e marcar encontros:

- *Considere a autorrevelação seletiva*: se você não tiver certeza sobre revelar seu autismo, considere incluir uma autorrevelação parcial em seu perfil, como "Eu sou neurodivergente". Essa abordagem direta pode ajudá-lo a encontrar conexões com pessoas que aceitam sua neurodivergência, evitando também uma autorrevelação completa que pode levar ao desconforto, pressão e discriminação desnecessárias.
- *Atraia a combinação certa*: as informações escolhidas para serem compartilhadas podem moldar o tipo de pessoa que você atrai para você. Destaque os aspectos de si mesmo que têm mais significado e ressoam com seus valores. Dado que muitas pessoas autistas são movidas por valores, é provável que encontre melhor compatibilidade com aqueles que compartilham seus valores. Se você tem valores que não são negociáveis para você, considere incluí-los em sua página. Por exemplo, você pode expressar: "Eu me alinho fortemente com valores antirracistas, *queer*-afirmativos e anticapacitistas". Essa abordagem garantirá uma conexão mais compatível.

- *Mostre interesses especiais*: muitas pessoas autistas se conectam profundamente ao discutir interesses compartilhados. Considere incorporar seus interesses em seu perfil para fornecer iniciadores de conversa que podem promover conexões significativas com pessoas que compartilham seus interesses (bônus – isso frequentemente criará uma abertura para conversas sobre objetos).
- *Minimize a idealização*: algumas pessoas criam imagens idealizadas daqueles com quem se conectaram *on-line*. Essa inclinação pode ser aumentada entre pessoas autistas, pois muitos de nós gravitam em direção à fantasia como um meio de fuga (a fantasia geralmente parece mais simples do que a vida real). Além disso, nossa propensão a transformar uma pessoa em um interesse especial pode levar a uma paixão intensa. Para manter expectativas realistas, considere se encontrar pessoalmente relativamente cedo. A interação direta, face a face, pode oferecer uma representação mais verdadeira do indivíduo, ajudando você a formar uma percepção mais precisa.
- *Priorize a segurança*: esteja atento ao reconhecer possíveis sinais de alerta durante as interações e tenha reuniões iniciais em locais seguros. Pessoas autistas podem ser mais vulneráveis a serem vítimas, porque às vezes temos dificuldade em perceber más intenções. Ao interagir com alguém *on-line*, priorize a segurança tendo reuniões iniciais em locais seguros e sendo cauteloso com pessoas que oferecem coisas grandes e emocionantes, como "Voe para a Califórnia e eu farei de você um modelo!" Se uma interação parecer questionável, não hesite em pedir a opinião de um amigo de confiança.

Namorar pode ser uma maneira agradável e divertida de conhecer novas pessoas. Ao abordar esses pontos, você pode mergulhar completamente no momento, permitindo que você se concentre na pessoa que está conhecendo em vez de ficar preso aos aspectos logísticos do encontro.

Planeje um encontro sensorialmente favorável

Você quer que o namoro seja divertido e relaxante. No entanto, como uma pessoa autista, também precisa reconhecer a conexão intrincada entre seus sistemas sensoriais e sociais. A sobrecarga sensorial pode desencadear respostas de estresse em seu sistema nervoso, levando a estados de hiper ou hipoexcitação. Em ambos os casos, seu sistema social fica *off-line* e, com ele, sua capacidade de se envolver significativamente com um parceiro. Você pode se sentir distante e desligado, enquanto seu par pode sentir como se não estivesse realmente se conectando com você.

Por esse motivo, é fundamental considerar o ambiente sensorial do seu primeiro encontro, especialmente porque começar os primeiros encontros pode induzir ansiedade!

Aqui estão algumas ideias para encontros sensoriais amigáveis:

- *Passeios na natureza*: se o clima permitir, explorar um ambiente natural por meio de uma atividade como caminhadas, caiaque, ciclismo ao longo de uma rota panorâmica, observação de pássaros em um parque local ou observação de estrelas em uma noite clara pode fornecer uma oportunidade única de conexão. O efeito calmante da natureza pode regular significativamente as experiências sensoriais para muitas pessoas autistas, tornando-a um cenário ideal para interações significativas.

- *Cafés e restaurantes íntimos*: opte por cafés e restaurantes silenciosos e com pouca iluminação. Esses ambientes criam um ambiente aconchegante que minimiza a sobrecarga sensorial e promove conversas confortáveis.
- *Caminhadas sem estresse*: sair para caminhar pode ser uma excelente escolha. Caminhar oferece regulação sensorial integrada, pois fornece um movimento rítmico, que pode ser relaxante. Além disso, caminhar reduz naturalmente a pressão do contato visual sustentado, uma demanda sensorial comum.
- *Oficinas ou aulas criativas*: considere fazer uma atividade criativa juntos, como uma aula de pintura, uma oficina de cerâmica ou uma aula de culinária, que forneça uma forma integrada de brincadeira paralela. Esses ambientes são convidativos para oportunidades de interação, mantendo o foco na atividade, o que pode aliviar o estresse social.
- *Piqueniques ao ar livre*: um piquenique em um local calmo ao ar livre pode ser uma ótima alternativa a um restaurante movimentado. Você tem controle sobre o ambiente sensorial, permitindo uma atmosfera mais relaxada e sensorialmente amigável.
- *Jardins botânicos ou arboretos*: explorar as cores vibrantes, texturas e aromas de um jardim botânico ou de um arboreto pode ser uma experiência relaxante, mas rica em sentidos. Esses ambientes oferecem cenários serenos para conversas e conexões, ao mesmo tempo em que são relacionados a “eventos”, reduzindo algumas das pressões sociais.

Fazer um *brainstorming* e sugerir locais de encontro que funcionem para você é uma maneira proativa de criar um ambiente que promova uma conexão genuína e um envolvimento significativo. Dessa forma, você pode se concentrar em determinar se essa pessoa é uma boa combinação para você.

Encontre ajustes sensoriais para a intimidade sexual

O sexo é uma experiência altamente sensorial, o que a torna difícil para muitas pessoas autistas. Das demandas por contato visual ao contato corporal e à variedade de experiências sensoriais entre eles, navegar por esses aspectos pode ser assustador.

Da mesma forma que você ajusta suas necessidades sensoriais em outras áreas da sua vida, é igualmente importante considerar maneiras de adequar suas necessidades sensoriais quando se trata de sua vida íntima. Isso não apenas aumenta seu conforto e prazer, mas também fortalece sua conexão com seu parceiro.

No entanto, abordar essas considerações com os parceiros pode muitas vezes despertar sentimentos de insegurança e ansiedade, levando à hesitação em iniciar essas conversas ou a evitá-las completamente. Contudo, uma parte importante do seu autocuidado social é comunicar essas necessidades ao seu parceiro; afinal, o conforto de cada parceiro é essencial para uma experiência sexual agradável e significativa. Embora possa parecer estranho, abordar essas questões é a melhor opção para fortalecer seu relacionamento em longo prazo.

Aqui estão algumas adequações a serem consideradas:

- *Toque*: pessoas autistas geralmente têm fortes preferências em relação ao toque (firme *versus* suave). Comunicar preferências de toque pode ajudar seu parceiro a fornecer um toque agradável dentro de sua zona de conforto.
- *Vestuário*: durante um *workshop* explorando a intersecção da cultura *kink* e do autismo, um participante

questionou se as roupas ligadas à cultura *kink* poderiam servir como uma "segunda pele", adicionando proteção tátil durante a intimidade. Se isso faz sentido para você, considere se certas roupas podem ajudar a tornar sua experiência melhor.

- *Limites corporais*: estabelecer limites corporais é crucial para sua sensação de segurança física e emocional. Definir esses limites, seja a quantidade de contato físico ou áreas específicas a serem evitadas, apoia uma experiência respeitosa e prazerosa para ambos os parceiros.
- *Contato visual*: discutir abertamente os níveis desejados ou indesejados de contato visual durante momentos de intimidade pode ajudar a reduzir o desconforto e permitir que ambos os parceiros se sintam à vontade. Para uma abordagem lúdica, considere experimentar vendas se isso estiver dentro da sua zona de conforto.
- *Iluminação*: a iluminação desempenha um papel significativo nas experiências sensoriais. Optar por nenhuma iluminação ou iluminação reduzida pode reduzir muito sua carga sensorial geral, fornecendo mais espaço para outras experiências sensoriais.
- *Música*: embora adicionar música possa ser muito estimulante para alguns, para outros, uma música estimulante pode servir como uma função de aterramento e fornecer um suporte adicional.

Essas adequações não precisam ser estáticas – você pode ir por tentativa e erro para ver o que funciona melhor e fazer alterações conforme necessário. Essa jornada colaborativa em direção ao prazer e à compreensão mútuos pode aproximá-lo ainda mais do seu parceiro.

Construa intimidade emocional

Navegar no caminho para a intimidade emocional pode representar alguns desafios únicos para pessoas autistas, especialmente se você também tem alexitimia (consulte a seção "Compreenda as emoções difíceis", no capítulo 3). Relacionamentos entre neurotipos diferentes podem tornar a situação ainda mais complexa.

Aqui estão as principais considerações para nutrir conexões emocionais mais profundas com seu parceiro:

- *Identifique quais tipos de conexões você mais valoriza*: a conexão emocional varia muito, especialmente entre diferentes neurotipos. Por exemplo, minha conexão intelectual com alguém muitas vezes parece um vínculo emocional profundo. No entanto, percebi que essa experiência é menos comum entre pessoas alísticas, que tendem a diferenciar conexões intelectuais e emocionais. Muitas pessoas alísticas tendem a preferir usar uma linguagem emocionalmente rica e com perfil mais social para construir conexões emocionais. Iniciar um diálogo com seu parceiro sobre quais tipos de conversas fazem vocês dois se sentirem emocionalmente conectados é um ponto de partida crucial.
- *Explore diferentes meios de comunicação*: se articular verbalmente emoções intensas for desafiador, explore maneiras alternativas de compartilhar seu mundo interior. Escrever cartas, expressar-se por meio da arte ou compartilhar músicas significativas podem servir como canais alternativos para transmitir seus sentimentos. Além disso, essa abordagem pode atuar como um "estímulo emocional" que encoraja seu parceiro a fazer perguntas para que vocês possam explorar ainda mais seu mundo interior juntos.

- *Façam atividades juntos*: envolver-se em atividades que tenham significado emocional para ambos os parceiros gera momentos compartilhados de proximidade emocional.
- *Conheça seu limite*: é essencialmente impossível estar conectado emocionalmente quando você está sobrecarregado, que é um estado de sobrecarga emocional em que se torna desafiador pensar ou se comunicar claramente, e pessoas autistas ficam sobrecarregadas com mais facilidade! Reconhecer seu limite e se afastar temporariamente da conversa até que esteja pronto para voltar a se comunicar novamente é crucial para manter interações saudáveis.
- *Adapte a "escuta ativa"*: sabe-se que a escuta ativa é muito importante nos relacionamentos – prestar muita atenção ao que alguém diz e ser capaz de refletir isso de volta para eles nos capacita a compreender diferentes pontos de vista e validar emoções. No entanto, praticar a escuta ativa às vezes pode sobrecarregar o sistema autista, ironicamente diminuindo a eficácia dessa prática. Se o contato visual sustentado for desgastante, considere mudar as conversas para um ambiente de caminhada, tornando a escuta ativa mais administrável. Alternativamente, você pode descobrir que sua escuta ativa floresce durante atividades táteis paralelas, como cozinhar ou desenhar com a pessoa.
- *Reflita e comunique*: dedique tempo consistente para conversas abertas. Envolver-se em discussões sobre a evolução das necessidades emocionais e preferências em mudança conforme seu relacionamento avança pode aprofundar sua conexão. Considere incorporar perguntas que incentivem a autorreflexão, como "*Qual coisa nova aprendi sobre mim mesmo em nossas interações esta semana*?" e "Qual é uma

pequena mudança que podemos fazer para melhorar nossa conexão?" Essa prática pode estabelecer um espaço estruturado para o diálogo aberto, criando um ritual e uma rotina esperados.

Ao reconhecer os pontos fortes e os desafios distintos em parcerias neurodiversas, você estabelece a base para cultivar a intimidade emocional. Você pode alcançar proximidade emocional sendo aberto com seu parceiro sobre seu cenário emocional.

Resolva os conflitos nos relacionamentos

Passar pelos conflitos em relacionamentos é complexo, especialmente em parcerias neurodiversas (nesse contexto, neurodiverso significa que dois neurotipos diferentes estão envolvidos). Somando-se a isso, os conflitos podem facilmente sobrecarregar pessoas autistas devido aos nossos sistemas sensoriais e nervosos intensos, resultando em evitação de conflitos. O conflito também requer flexibilidade no pensamento, o que também pode representar desafios para pessoas autistas.

Aqui estão os principais pontos a serem considerados ao abordar o conflito:

Noções básicas de comunicação

- *Considere a neurodiversidade*: estilos de comunicação variados podem levar a mal-entendidos. Aborde o conflito com abertura para compreender e aprender com as perspectivas um do outro.
- *Pratique a comunicação clara e direta*: expresse seu ponto de vista e sentimentos claramente e, também, ouça ativamente a perspectiva do seu parceiro. Dê tempo ininterrupto para ambas as partes expressarem suas preocupações. Se

seu parceiro se comunica indiretamente, apoie seu crescimento na comunicação direta com paciência enquanto ele aprimora essa habilidade.

- *Use um formato de diálogo aberto*: promova um ambiente onde ambos os parceiros se sintam seguros para compartilhar pensamentos e emoções. Tenha em mente que pessoas autistas frequentemente enfrentam desafios na modulação e reconhecimento de tom. Se seu parceiro percebe seu tom como áspero, considere esse *feedback*. Da mesma forma, seu parceiro deve reconhecer as dificuldades de modulação de tom como parte de sua experiência autista.

Lidando com sobrecarga sensorial e emocional

- *Gerencie seu sistema nervoso*: o renomado terapeuta de casais Dr. John Gottman empregou uma estratégia única envolvendo parceiros usando dispositivos de monitoramento de batimentos cardíacos (como *smartwatches*). Se os batimentos cardíacos de um parceiro ultrapassassem um limite específico, a conversa parava. O Dr. Gottman sabia que a comunicação eficaz diminui além de um certo nível de estresse. Esse exemplo é valioso, porque fornece aos casais um lembrete tangível para parar quando as coisas esquentam! Além disso, é crucial estar ciente da "falsa regulação", que seu parceiro pode não reconhecer como estresse. A falsa regulação ocorre quando você parece calmo, mas na verdade está em um estado de estresse, como o modo de congelamento (consulte a seção "Compreenda as respostas do seu corpo ao estresse", no capítulo 2).

- *Faça um intervalo*: entenda quando a sobrecarga sensorial ou emocional está em jogo. Combine os sinais para os intervalos se um de vocês estiver se sentindo sobrecarregado.
- *Considere as considerações sensoriais*: leve em consideração as sensibilidades sensoriais. Escolha um espaço confortável e tranquilo para discutir conflitos, minimizando os gatilhos sensoriais.

Resolução de problemas colaborativa

- *Defina o problema*: declare claramente o problema para evitar confusão (observe que em conflitos entre diferentes neurotipos, definições distintas do problema podem ser comuns, tornando a clareza crucial como ponto de partida!).
- *Faça um* brainstorming *de soluções*: gere ideias em conjunto, priorizando compromissos que honrem as necessidades de ambas as partes.
- *Implemente acordos*: aja em soluções acordadas em conjunto, avaliando periodicamente sua eficácia e fazendo *check-ins* regulares.

Desentendimentos não são divertidos, mas são inevitáveis. Honrar sua neurodiversidade e ser consciente em sua comunicação pode aprofundar o entendimento mútuo e ajudá-lo a passar pelos conflitos de forma mais construtiva.

Assuma uma identidade arromântica ou assexual

Há um estereótipo ultrapassado de que pessoas autistas não podem ser sexuais ou românticas. Embora esse estereótipo venha de um pensamento antiquado e capacitista sobre o autismo, também é importante reconhecer que muitos de nós nos identificamos como assexuais e/ou arromânticos (às vezes chamados de ace/aro ou espectro ace/aro).

O espectro ace/aro abrange uma ampla gama de orientações, incluindo desde a assexualidade (falta de atração sexual) até o arromanticismo (falta de sentimentos românticos) à demissexualidade (atração sexual parcial ou condicional com base em conexão emocional intensa). É importante saber que muitas pessoas que se identificam como assexuais ou arromânticas ainda buscam conexões profundas. Por exemplo, elas podem ser atraídas por parcerias platônicas duradouras.

Embarcar em uma jornada de autodescoberta enquanto aceita sua identidade ace/aro pode ser um processo fortalecedor, principalmente se sua máscara autista já projetou uma versão sexualizada de si mesmo. Para alguns, sensibilidades sensoriais podem complicar relacionamentos físicos, e você pode estar no processo de determinar o que é aversão sensorial e o que pode ser uma identidade ace/aro. Se você acabou de aprender sobre seu autismo, pode aproveitar a oportunidade para dissecar sua identidade, diferenciar as necessidades sensoriais do seu eu genuíno e desvendar as influências de sua máscara em sua história e em suas inclinações sexuais.

Narrativas culturais e sociais tradicionais geralmente desconsideram identidades ace/aro, o que pode parecer isolante. Lembre-se de que forjar conexões significativas é um caminho único, sem um único caminho certo. Priorize o autocuidado, não se julgando com base nas expectativas da sociedade, mas, em vez disso, abraçando e amando a si mesmo pelo que você é.

6

Autocuidado profissional

Integrar sua identidade autista e sua vida profissional é uma maneira poderosa de reduzir a energia que você gasta em mascarar e mitigar o esforço excessivo. Para muitos de nós, o ciclo de trabalhar, desmoronar e repetir é muito familiar.

Infelizmente, pessoas autistas enfrentam taxas desproporcionalmente altas de desemprego e subemprego, uma tendência que ressoa com os desafios que muitos de nós vivenciamos ao navegar em ambientes de trabalho. De nossos distintos estilos de processamento cognitivo a sensibilidades sensoriais, vários fatores podem tornar a dinâmica do local de trabalho difícil. Em alguns casos, a falta de confiança pode nos levar a nos contentar com papéis abaixo do nosso potencial, enquanto outros lutam com a síndrome do impostor, com o perfeccionismo e com o desejo de agradar, muitas vezes levando a ciclos de esgotamento e ruína! Por todas essas razões, é crucial concentrar alguns de seus esforços de autocuidado em seu mundo profissional.

Curiosamente, muitas pessoas autistas tardiamente assim identificadas nas suas vidas reconsideram seus caminhos de carreira após essa revelação. À medida que começamos a construir vidas que funcionam para nós, percebi que muitos de nós mudam para carreiras que se alinham com nossos interesses e apoiam nosso bem-estar sensorial.

Neste capítulo, você encontrará atividades divididas em algumas categorias principais: navegar no local de trabalho, criar um ambiente de trabalho ideal e encontrar suporte de funcionamento executivo. Você aprenderá estratégias para criar um ambiente de trabalho adaptado aos seus pontos fortes e preferências. Os tópicos incluem explorar a autorrevelação em ambientes profissionais, defender adequações, gerenciar sensibilidades sensoriais e capitalizar os pontos fortes do autismo. Suas habilidades, ideias e ética de trabalho fazem de você um ativo importante para seu local de trabalho – as seções neste capítulo garantirão que seu local de trabalho seja uma parte benéfica de sua vida também.

Dicas para o local de trabalho

Compartilhe seletivamente sua identidade autista com os colegas

Uma causa comum de estresse é ficar em dúvida se você deve revelar sua identidade autista em um ambiente profissional.

Ao ponderar sobre a autorrevelação no local de trabalho, aqui estão algumas considerações:

- *Esclareça seus motivos*: reflita sobre por que você compartilharia seu autismo com outras pessoas. É para estabelecer conexões autênticas com colegas? Você quer que as pessoas entendam melhor suas ações? Você está buscando adequações? Entender as motivações por trás da autorrevelação e o resultado esperado pode ajudar a orientar sua decisão.
- *Determine quem precisa saber*: embora você possa informar os recursos humanos sobre seu diagnóstico, nem todos no

trabalho precisam dessas informações. Certos gerentes podem precisar saber para implementar adequações para as quais você se qualifica; no entanto, obter adequações não concede automaticamente a todo o seu local de trabalho acesso ao seu diagnóstico (essas informações geralmente são protegidas, dependendo dos protocolos do seu local de trabalho). Para saber quem tem acesso, pergunte aos recursos humanos durante o processo de adequação.

- *Identifique o quanto você precisa compartilhar*: avalie cuidadosamente quais alterações em seu ambiente podem melhorar sua qualidade de vida (como usar um chapéu para atenuar a iluminação, se mudar para minimizar a exposição a aromas fortes ou solicitar iluminação mais suave) e, subsequentemente, considere o nível de autorrevelação necessário para transmitir efetivamente essas necessidades. Você não é obrigado a divulgar tudo (para uma compreensão sobre autorrevelação parcial *versus* total, consulte a seção "Decida se deve contar às pessoas que você é autista", no capítulo 5).
- *Avalie os riscos*: existem riscos inerentes, independentemente da sua escolha. Se você optar por não revelar, os colegas de trabalho podem especular sobre seu comportamento sem o contexto adequado, levando a narrativas potencialmente mal-interpretadas. Por outro lado, se você decidir revelar, as pessoas podem interpretar suas ações através das lentes dos estereótipos do autismo, e isso pode incluir duvidar de sua capacidade para certas tarefas. Por exemplo, na minha área, o equívoco de que pessoas autistas não podem ser bons terapeutas ainda persiste! Portanto, um terapeuta em treinamento pode optar por pesar

cuidadosamente as consequências potenciais de compartilhar seu diagnóstico com um supervisor. Não existe um caminho sem riscos, então, é sensato pesar os riscos cuidadosamente.

Sua decisão de se autorrevelar profissionalmente é pessoal e dependente do contexto. Seus objetivos profissionais são uma parte importante da sua vida; por isso, considere quais escolhas tornarão seus dias de trabalho menos estressantes, mais alinhados com seus valores e, dessa maneira, mais gratificantes.

Navegue pela mudança de contexto no local de trabalho

No mundo em constante evolução dos locais de trabalho, lidar com as complexidades da cultura neurotípica pode desencadear ansiedade. A mudança de contexto no local de trabalho costuma exigir bastante de nós e pode envolver a arte de fazer uma transição suave entre uma ampla gama de tarefas, estilos de comunicação e expectativas. Além disso, você também vivenciará, juntamente, interações sociais e tarefas profissionais.

Pessoas alísticas têm uma capacidade inata de absorver dicas de contexto subcorticalmente – o que significa que seus cérebros captam intuitivamente essas diferenças sutis, e isso lhes permite captar sem esforço os sinais contextuais. Por outro lado, pessoas autistas são mais independentes do contexto, incorporando autenticidade em todas as situações. Nós não absorvemos inerentemente as dicas de contexto tão perfeitamente quanto nossos colegas alísticos. Em vez disso, precisamos mobilizar nossos córtices pré-frontais para analisar situações.

Por exemplo, digamos que há uma reunião de equipe em que todos parecem engajados, mas há uma tensão tácita na sala.

Pessoas autistas podem não entender imediatamente essa tensão oculta, porque ela não é explicitamente comunicada. Em vez disso, podemos precisar analisar conscientemente a situação, observando a linguagem corporal, o tom e outras dicas de contexto para decifrar a dinâmica. Esse processo exige um esforço mental significativo e pode ser mentalmente desgastante.

Isso pode dificultar a navegação em locais de trabalho tradicionais. Lamentavelmente, nossa dificuldade em captar automaticamente dicas sutis de contexto relacionadas à autoridade, hierarquia e profissionalismo pode levar a interpretações equivocadas. Em certos casos, esse mal-entendido pode até resultar em demissões prematuras e acusações errôneas por conduta não profissional.

Se você se encontrar no meio de uma mudança de contexto no seu local de trabalho, aqui estão algumas dicas:

- *Peça orientação explícita*: busque orientação direta sobre normas e regras do local de trabalho, especialmente em cenários em que o contexto muda. Se, por exemplo, colegas frequentemente jantam juntos ou há eventos de feriados no local de trabalho, pergunte sobre as regras explícitas que fundamentam essas mudanças.
- *Observe e aprenda*: aprimorei minhas habilidades de sugestão de contexto ao me tornar uma cientista social mirim durante a infância. Da mesma forma, se você se tornar um cientista social amador no local de trabalho, poderá se tornar mais capaz de decodificar as normas contextuais. Estude os padrões de comunicação, a linguagem corporal e as estratégias de seus colegas. Se você se sentir confortável, discuta as mudanças sutis que você notou com alguém em quem confia. Observar neurotípicos em seu habitat natural é uma ótima maneira de aprender sobre suas complexidades.

- *Busque apoio*: não hesite em buscar orientação de mentores, colegas ou supervisores. Considere pedir para ter um mentor, especialmente se você for abertamente autista no trabalho, que pode ser sua pessoa de contato para consultas autistas-alísticas. Colaborar com uma pessoa alística para ajudá-lo a decodificar as sutilezas pode eliminar algumas das suposições!

Lembre-se, a mudança de contexto é um trabalho exaustivo, e a decodificação de contexto geralmente envolve um elemento de mascaramento, o que impacta negativamente a saúde mental e os níveis de energia de pessoas autistas. Talvez, a melhor maneira de abordar isso seja escolher um campo que seja mais amigável ao autista. Campos como o de tecnologia, de ciências, da engenharia de matemática, da medicina e da área acadêmica são frequentemente mais amigáveis ao autista. Além disso, muitas pessoas autistas encontram alívio quando podem trabalhar remotamente. No entanto, se o seu local de trabalho atual não é amigável ao autista, tente as dicas desta seção e certifique-se de cuidar de seu corpo e mente enquanto o faz.

Documente tudo

O estilo de comunicação direta e o otimismo de pessoas autistas podem nos tornar mais suscetíveis à exploração em certos sistemas ou situações. Vivenciar essas dinâmicas exige uma abordagem proativa, e uma documentação consistente pode ajudar você a afirmar sua posição durante conflitos e fornecer um registro que crie alguma proteção contra uma acusação injusta.

Sua documentação não precisa ser complexa. Um documento básico de texto, um aplicativo de notas ou um programa de e-mail podem servir como ferramentas eficazes. Descreva as conversas com a maior precisão que sua memória permitir.

Aqui estão algumas dicas de documentação para acompanhar situações e eventos para que você esteja preparado:

- *Capture conversas* e acordos como pontos de referência factuais.
- *Anote* pontos cruciais, decisões e acordos.
- Forneça *contexto cronológico* com data, hora e local.
- Registre a essência do que foi dito em *resumos concisos.*
- *Mantenha* trocas de e-mail relevantes. Além disso, considere enviar e-mails de acompanhamento resumindo os principais pontos da conversa para ter certeza de que todos estão falando a mesma língua.

Documentar empodera você, moldando sua narrativa e fortalecendo sua postura, especialmente se precisar dar cobertura a si mesmo. Além disso, isso pode construir autoconfiança e convicção no local de trabalho e ajudar você a se sentir mais no controle.

Abandone o perfeccionismo

Pessoas autistas geralmente possuem mentes intensamente focadas. Embora isso possa se manifestar como brilhantismo nas suas áreas de paixão, também traz desafios. Por exemplo, pequenos detalhes de design podem nos levar ao modo de hiperfixação. Esse foco elevado e esses altos padrões também podem nos levar ao perfeccionismo, causando sofrimento, fadiga e excesso de trabalho.

Aqui estão as práticas que você pode empregar para se libertar das garras do perfeccionismo:

- *Adote a prática do trabalho "bom o suficiente"*: esse será um processo gradual que você deve tentar um pouco de cada vez. Tente enviar propositalmente um trabalho que atenda ao seu padrão "bom o suficiente" (não ao seu padrão "perfeito"), gradualmente dessensibilizando-se do sofrimento e do estresse que podem acompanhá-lo. A cada execução, o trabalho "bom o suficiente" se torna mais administrável. Considere isso um processo de fortalecimento do seu músculo da resiliência contra a pressão de entregar resultados perfeitos.
- *Aceite* feedbacks: pergunte ao seu chefe quais detalhes realmente contribuem para o quadro geral. Dada a nossa tendência de nos aprofundarmos em detalhes, uma perspectiva externa pode ajudá-lo a avaliar em que você deve concentrar seu tempo e sua energia.
- *Domine a atenção plena*: cultive a atenção plena para permanecer enraizado no momento presente. Quando sua mente evocar roteiros perfeccionistas, pratique identificá-los e nomeá-los. Esse ato simples pode ajudar a diminuir a desordem mental que alimenta tendências perfeccionistas.

Ao tentar abandonar o perfeccionismo, você pode forjar uma jornada de trabalho mais equilibrada e sustentável, ao mesmo tempo em que aproveita seus pontos fortes inerentes. Esse plano o ajudará a reduzir o estresse e tornará seu trabalho mais agradável.

Peça exemplos

Na faculdade e na pós-graduação, uma das primeiras coisas que eu fazia quando recebia um novo projeto era pesquisar exemplos no Google. Eu sempre gostei muito quando os professores forneciam exemplos de anos anteriores. O problema é o seguinte: muitas vezes eu não sabia por onde começar sem um contexto visual para o que estava sendo pedido para mim! Ter exemplos pode ser imensamente útil para pessoas autistas, e essa dica é especialmente valiosa no local de trabalho.

Aqui estão algumas das maneiras pelas quais um exemplo pode ajudar a apoiá-lo:

- *Ele esclarece as instruções*: pessoas alísticas geralmente fornecem instruções vagas. Ter um exemplo pode ajudar a esclarecer o que está sendo pedido.
- *Ele fornece contexto visual*: pessoas autistas geralmente progridem com o aprendizado visual; as informações apresentadas em um contexto visual carregam mais significado e compreensão. Além disso, os exemplos visuais dão apoio à sua compreensão. Eles oferecem uma representação concreta do que é esperado, tornando mais fácil processar, absorver e executar as tarefas com precisão.
- *Ajuda com o sequenciamento*: sequenciar os passos para ir de um ponto a outro pode ser difícil para pessoas autistas. Ver um exemplo pode nos ajudar a sequenciar as ações necessárias para concluir a tarefa.
- *Pode economizar horas de frustração potencial, suor e ansiedade*: um modelo visual reduz significativamente a necessidade de tentativa e erro e esforço desperdiçado.
- *Aumenta a produtividade*: ao buscar exemplos, você não está apenas fazendo uma adequação ao seu estilo de aprendizagem – você está construindo uma ponte entre sua compreensão e a tarefa em questão. Essa ponte minimiza a possibilidade de cometer erros e garante que suas contribuições estejam alinhadas com as expectativas.

Defender a si mesmo e pedir exemplos claros traz muitos benefícios, tanto para você quanto para seu empregador.

Aqui estão algumas coisas para ter em mente ao pedir exemplos:

- Conecte sua solicitação a uma necessidade subjacente. Expresse sua preferência por aprendizado visual e seu interesse em exemplos.
- Se você for encarregado de um projeto específico, pergunte se há um modelo disponível ou um exemplo semelhante anterior. Os modelos geralmente fornecem estruturas estruturadas, enquanto os exemplos anteriores oferecem guias práticos.
- Ao solicitar exemplos, seja específico sobre o tipo de orientação que você está buscando. Por exemplo, peça o documento do ano passado, uma ilustração passo a passo ou uma referência de trabalho semelhante.

Ao solicitar exemplos, você não está apenas se autodefendendo, mas também está contribuindo para um ambiente de trabalho mais inclusivo para todos os funcionários. Essa abordagem proativa cultiva a inclusão, porque promove uma cultura de colaboração e suporte. Sua busca por clareza visual pode até inspirar outros a adotarem práticas semelhantes, criando um local de trabalho no qual diversos estilos de aprendizagem são adotados!

Tenha sucesso em entrevistas de emprego

Para muitas pessoas autistas, as entrevistas de emprego não mostram exatamente todo o nosso potencial! O ambiente convencional de entrevista pode induzir ansiedade, pois frequentemente depende de espontaneidade e processamento rápido. Muitas vezes prosperamos como processadores profundos, nos beneficiando de tempo suficiente para formular respostas ponderadas. O cenário da entrevista, muitas vezes desprovido de familiaridade contextual e espontaneidade, pode ser desorientador.

Aqui estão algumas dicas que podem ajudar a tornar o processo menos estressante e permitir que você mostre melhor suas habilidades:

- *Prática*: a repetição é sua aliada. Pesquise *on-line* por perguntas de entrevistas comumente feitas e ensaie suas respostas. Se você estiver preparado para algumas das perguntas com antecedência, poderá preparar suas respostas e responder com mais confiança.
- *Crie histórias atraentes*: compile um arsenal de histórias ou exemplos que reflitam suas habilidades de resolução de problemas, criatividade e/ou determinação. Provavelmente é mais fácil pensar nelas com antecedência do que na hora, e elas podem se tornar respostas para muitos tipos de perguntas.
- *Use pausas estratégicas*: se respostas rápidas não estiverem na sua zona de conforto, desenvolva algumas declarações estratégicas, como "Essa é uma pergunta perspicaz; deixe-me reunir meus pensamentos por um momento". Essa pausa tática dá à sua mente um momento para processar e estruturar uma resposta.
- *Obtenha clareza contextual*: saber o contexto da empresa pode ajudá-lo a se respaldar na entrevista. Pesquise a empresa, seus valores e sua missão com antecedência. Esse conhecimento prévio pode ajudá-lo a construir um mapa conceitual da empresa, fazendo você sentir que tem um maior embasamento.

- *Tente entrevistas simuladas e no espelho*: reflita na frente de um espelho ou chame um amigo de confiança para entrevistas simuladas. As percepções de um amigo podem trazer à tona elementos despercebidos – abrangendo linguagem corporal e tom – ajudando você a refinar seu comportamento na entrevista. Outra técnica valiosa é fazer uma gravação de sua própria voz e revisá-la. Essa tática provou ser eficaz para mim para refinar meu tom e ritmo de fala, além de reforçar a memorização das palavras.
- *Considere sua postura*: a postura, um elemento essencial da comunicação não verbal, pode frequentemente levar a mal-entendidos e julgamentos errados para pessoas autistas. Muitos de nós involuntariamente demonstramos um afeto raso que pode ser mal-interpretado como desinteresse. Peça a um amigo ou mentor de confiança para ajudá-lo a encontrar uma postura que seja fisicamente confortável, mas que sinalize certa abertura.
- *Encontre ajustes para o contato visual*: o contato visual pode ser particularmente complicado, como muitos entrevistadores esperam. Você pode experimentar técnicas de contato visual, como focar entre os olhos do entrevistador, transmitindo sutilmente o envolvimento enquanto reduz o desconforto.

Entrevistas frequentemente desencadeiam ansiedade, e elas também o obrigam a lidar com o dilema de mascarar *versus* desmascarar. Sua abordagem dependerá de sua escolha pessoal e circunstâncias.

Independentemente disso, a prática e a preparação permitem que você encontre uma abordagem equilibrada de abraçar sua identidade genuína enquanto se sente à vontade durante as entrevistas, permitindo que seu eu autêntico brilhe.

Compare o pensamento de baixo para cima versus *o pensamento de cima para baixo*

Parte do que significa ser neurodivergente é que a maneira como processamos informações diverge daquela dos cérebros neurotípicos. No contexto do local de trabalho, pode ser útil entender esses diferentes padrões cognitivos. Reconhecer seu estilo de processamento único e como ele diverge da norma alística pode maximizar sua felicidade e produtividade no local de trabalho.

Entre os diversos modos de processamento, um que caracteriza distintamente os cérebros autistas é o processamento de baixo para cima. O processamento de baixo para cima envolve uma jornada imersiva e metódica pelas nuances da informação. Ao contrário do processamento de cima para baixo, que entrelaça algumas peças essenciais de dados em um todo coerente, o processamento de baixo para cima se aprofunda nos mínimos detalhes, juntando-os meticulosamente para construir uma compreensão abrangente. Essa abordagem permite que pessoas autistas criem conexões e associações intrincadas entre vários elementos, cultivando uma compreensão profunda de sistemas complexos.

No entanto, essa abordagem orientada para os detalhes é uma faca de dois gumes. Embora facilite a compreensão profunda, ela exige recursos cognitivos substanciais. A denominação inadequada de "processamento lento" muitas vezes deturpa a realidade – pessoas autistas são, na verdade, processadores profundos. Essa profundidade exige mais tempo, tornando nossa integração inicial em novos conceitos ou sistemas mais lenta. Esse investimento inicial, no entanto, vale a pena e serve bem a nós e aos nossos locais de trabalho. Uma vez que mergulhamos nas complexidades de um assunto, nossa compreensão não é apenas profunda, mas também multifacetada e robusta.

Ao explorar seus pontos fortes e desafios no local de trabalho, a abordagem cognitiva de baixo para cima apresenta vantagens e obstáculos. Sua natureza meticulosa pode ser mentalmente desgastante, potencialmente levando à exaustão. No entanto, esse estilo de processamento de baixo para cima também permite que você ofereça soluções completas e intrincadas para problemas complexos.

Reconhecer e abraçar esse estilo cognitivo pode ajudar você a se apoiar em seus pontos fortes, ao mesmo tempo em que o encoraja a ser compassivo consigo mesmo quando seu ritmo de processamento difere daqueles ao seu redor. Seu domínio eventual ajudará você a construir confiança, enriquecendo, em última análise, o cenário geral do local de trabalho.

Em todo o seu local de trabalho, você pode ver o pensamento de baixo para cima e de cima para baixo. Essa diversidade promove uma força de trabalho dinâmica e criativa, melhorando, em última análise, a qualidade geral da sua experiência no local de trabalho. Cuidar de si mesmo reconhecendo seu estilo cognitivo e celebrando suas contribuições é um aspecto crucial do seu bem-estar profissional.

Encontre um mentor para lhe mostrar as regras

Durante meu treinamento para me tornar psicóloga, a cada ano eu alternava entre novos ambientes de trabalho, como clínicas hospitalares e universidades. Essa mudança trouxe tanto o estresse de me adaptar a novos sistemas e regras quanto o desafio de me encaixar em normas culturais sutis.

Nesses novos ambientes de trabalho, eu me atracava com inúmeras perguntas, sentindo-me envergonhada em buscar ajuda. Era difícil encontrar um equilíbrio entre não querer sobrecarregar indivíduos específicos e obter assistência daqueles com quem eu me sentia à vontade! Essa batalha poderia ter sido amenizada com o apoio de um mentor, porque essa pessoa poderia ter me ajudado a me guiar pelas complexidades de novos sistemas.

Entrar em um novo local de trabalho envolve mais do que preencher formulários e configurar seu computador – a cultura de trabalho subjacente, muitas vezes sobreposta a regras e práticas não ditas, é igualmente significativa. Decodificar essa camada oculta, normalmente aprendida implicitamente por meio de observação e interações, pode ser particularmente árduo para pessoas autistas e pode causar frustração e confusão. Uma maneira de aliviar esse estresse é encontrar um mentor, alguém que possa esclarecer esses códigos não escritos e fornecer percepções sobre os aspectos implícitos da cultura de trabalho.

Os mentores podem ser formalmente designados pelo seu local de trabalho ou encontrados informalmente por meio de indivíduos com os quais você se conecta naturalmente. Se você é abertamente autista no local de trabalho, considere solicitar um mentor formal como parte das suas solicitações de adequações, ou então, considere pedir a alguém com quem você tem afinidade para ser seu mentor informal enquanto você aprende o básico.

A mentoria tem o potencial de melhorar não apenas sua compreensão da cultura de trabalho, mas também seu crescimento pessoal e profissional. Além disso, esse mentor pode reduzir os níveis de estresse, ajudá-lo a acreditar em si mesmo e permitir que você prospere em seu local de trabalho.

Ambientes de trabalho ideais

Gerencie a superestimulação no trabalho

O local de trabalho pode ser um ambiente propício para a superestimulação. Quando você está superestimulado, não consegue se concentrar ou trabalhar de forma eficaz. Gerenciar seu ambiente sensorial se torna essencial para cultivar um local de trabalho no qual você possa prosperar. Costumo chamar a faixa de estímulo perfeita de "zona habitável", na qual não estou subestimulado ou superestimulado. Se você é um autista com TDAH, como eu, entenderá esse desafio! Descobrir sua zona habitável é essencial para desbloquear o foco.

Aqui estão algumas estratégias personalizadas a serem consideradas:

- *Encontre um retiro tranquilo*: solicite acesso a um espaço silencioso reservado. Isso pode ajudar a neutralizar a estimulação sensorial sufocante de um escritório movimentado.
- *Considere ouvir música*: minha estratégia favorita é ter uma música de estímulo repetitivo tocando em um fone de ouvido. Isso pode criar um amortecimento sensorial sem comprometer a consciência do ambiente.
- *Programe pausas*: faça pausas curtas para se afastar e recalibrar quando a estimulação sensorial o sobrecarregar.
- *Ajuste seu ambiente*: modifique a iluminação, os assentos ou a disposição da mesa para minimizar os gatilhos sensoriais.
- *Monte um* kit *de ferramentas sensoriais*: organize um *kit* de ferramentas sensoriais com itens que acalmem e regulem seu sistema sensorial, como brinquedos antiestresse, um apoio de colo com peso ou fones de ouvido com cancelamento de ruído.

Ao fazer esses ajustes, você pode cultivar um ambiente de trabalho que se alinhe melhor com suas necessidades sensoriais. Além disso, a maioria dessas demandas tem baixo ou nenhum custo para seu empregador, tornando-se uma situação ganha-ganha. Você se sentirá mais calmo, focado e feliz enquanto trabalha.

Encontre adequações que funcionem

As adequações podem parecer complexas, mas podem ser surpreendentemente simples. Por exemplo, use um gorro diariamente. Embora possa não parecer convencionalmente profissional, a pressão firme proporciona conforto sensorial e me ajuda a regular meu corpo com mais facilidade. Outros podem se beneficiar de chapéus de aba que bloqueiam o brilho da luz do teto. Esses ajustes também podem ser solicitações mais formais que passam por recursos humanos.

Você pode ter direitos legais a adequações dependendo da sua localização e *status* do seu diagnóstico. Nos Estados Unidos, o autismo é protegido pela Americans with Disabilities Act, garantindo adequações razoáveis.

Aqui estão algumas ideias a serem consideradas:

- Pausas sensoriais;
- Tempo de trabalho dedicado e focado;
- Horários de trabalho flexíveis para trabalho remoto;
- *Feedback* claro, direto e por escrito;
- Espaço de trabalho com redução de ruído;
- Capacidade de usar fones de ouvido com cancelamento de ruído;
- Iluminação ajustável;
- Uso de ferramentas antiestresse;
- Exposição reduzida em escritórios de plano aberto;

- Acesso a uma zona silenciosa;
- *Check-ins* regulares com uma pessoa designada a dar suporte;
- Comunicação flexível que acomoda várias preferências;
- Aviso antecipado de mudanças de cronograma;
- Viabilização de uma rotina consistente e com expectativas claras.

Para descobrir adequações e saber mais, visite a Job Accommodation Network (JAN). Eles fornecem informações abrangentes sobre o local de trabalho e um banco de dados para a pesquisa de adequações. Ajustes como esses podem favorecer a produtividade, o foco, a criatividade e uma sensação de segurança no trabalho.

Reduza a troca de tarefas

"Troca de tarefas" refere-se ao ato de interromper uma tarefa, salvar seu progresso e iniciar outra, e isso tem um impacto profundo em sua produtividade e nas suas reservas de energia. Por exemplo, se você estiver trabalhando em um relatório e depois mudar para responder e-mails ou conversar com um colega, isso é uma troca de tarefas.

Embora a troca possa ser breve – talvez levando apenas cinco minutos para responder a uma mensagem recebida – o resultado de retornar ao fluxo de escrita e mudar mentalmente de volta ao contexto do seu projeto consome um tempo precioso. Estudos mostraram que cada troca de tarefas pode custar vários minutos de foco!

Para pessoas autistas, a troca de tarefas é ainda mais desafiadora em comparação com aquelas com cérebros neurotípicos (isso está relacionado à hiper e hipoconectividade em nossos cérebros). Nosso processamento cognitivo distinto torna a transição entre tarefas mais exigente.

Considere estas estratégias para moderar a troca de tarefas e aliviar o desperdício de tempo:

- *Agrupe tarefas semelhantes*: concentrar-se em tarefas relacionadas em uma sessão diminui a necessidade de mudanças frequentes de contexto.
- *Gerencie suas notificações*: desative as notificações durante períodos de trabalho focado. A concentração ininterrupta permite um envolvimento mais profundo sem sucumbir à troca constante de tarefas.
- *Solicite adequações formais*: considere solicitar adequações formais que possam fornecer tempo de refúgio, protegendo você de distrações e pressões para trocas de tarefas.

Minimizar a troca de tarefas ao longo do dia permite que você mergulhe no trabalho de modo profundo, restaurador e criativamente gratificante. Criar esse espaço para trabalho focado pode levar a um dia de trabalho mais agradável e satisfatório.

Funcionamento executivo

Defina metas SMART

Cérebros autistas tendem a ter dificuldade para fazer a transição de uma atividade para outra ou para começar novas tarefas (comumente chamado de iniciação de tarefa). Um fator que pode dificultar a iniciação de tarefas está relacionado a problemas de funcionamento executivo.

Uma estratégia eficaz para superar esse obstáculo é dividir as tarefas em seus menores componentes. Por exemplo, quando tive dificuldade para começar a escrever este livro, o menor passo foi simplesmente pegar meu computador e criar um documento para escrever. Quando consigo dar o primeiro passo, normalmente consigo entrar em um estado de fluxo e começar a escrever. A parte mais difícil é começar!

O conceito de metas SMART fornece uma abordagem estruturada para dividir tarefas em elementos menores. A abordagem SMART[8] – criar metas específicas, mensuráveis, atingíveis, relevantes e com prazo definido – atua como uma estrutura para definição eficaz de metas que podem ser aplicadas à sua vida pessoal e profissional. Esse método é particularmente útil ao lidar com grandes metas no local de trabalho que são inicialmente amplas ou de longo prazo.

- *Específico*: defina claramente o resultado desejado sendo preciso e detalhado, evitando intenções vagas como "ser melhor no meu trabalho" ou "ficar mais saudável". Em vez disso, identifique exatamente o que você quer, como "aprender a usar um novo *software*".
- *Mensurável*: torne sua meta mensurável com critérios específicos, anexando números ou métricas. Isso adiciona tangibilidade – como ter como objetivo concluir três cursos *on-line* ou enviar dez candidaturas a empregos.
- *Atingível*: defina metas realistas e atingíveis, considerando suas capacidades, recursos disponíveis e desafios potenciais. Embora seja importante desafiar a si mesmo, você quer que as metas estejam ao seu alcance e alinhadas com suas habilidades e circunstâncias. Essa abordagem é mais fortalecedora e aumenta suas chances de manter as metas.

8 SMART é um acrônimo proveniente do inglês: Specific, Measurable, Achievable, Relevant e Time-bound [N.T.].

- *Relevante*: alinhe suas metas aos seus valores, aspirações e planos de longo prazo. Se sua meta principal é conseguir um emprego, uma meta SMART relevante pode ser enviar cinco candidaturas a empregos.
- *Com prazo definido*: estabeleça prazos ou datas-alvo para atingir suas metas. Isso cria um senso de urgência, mantém você focado e promove a responsabilização. Definir um prazo, como concluir cinco candidaturas a empregos em uma semana, cria uma estrutura que ajuda a mantê-lo no caminho certo.

As metas SMART fornecem uma maneira prática de lidar com projetos extensos, criando um roteiro claro. Mantenha suas metas sob revisão regular, fazendo ajustes conforme necessário e celebrando o progresso ao longo do caminho. Dividir objetivos maiores em tarefas menores e factíveis mantém você motivado, ao mesmo tempo em que apoia o progresso constante. Alcançar esses marcos menores pode gerar confiança, aliviar o estresse e motivá-lo a definir novas metas também.

Crie amortecimentos para o hiperfoco

Quando se trata de produtividade, o hiperfoco pode ser uma faca de dois gumes. Por um lado, ele pode impulsioná-lo a um estado de fluxo em que seu cérebro opera com desempenho máximo, promovendo foco aprimorado, criatividade e engajamento profundo. Esse estado de fluxo pode aumentar significativamente suas habilidades cognitivas, aumentar as ondas cerebrais calmantes e melhorar seu bem-estar geral.

No entanto, o hiperfoco também apresenta seu próprio conjunto de desafios. Enquanto estiver em seu auge, ele pode monopolizar sua atenção e tempo, possivelmente interrompendo seu sono, prejudicando sua capacidade de priorizar tarefas importantes e criando desequilíbrios em sua harmonia entre trabalho e vida pessoal. Por exemplo, na minha vida, isso pode levar a momentos em que negligencio involuntariamente a família e a vida pessoal, interrompo meus padrões de sono e desconsidero a manutenção e os aspectos mundanos do meu trabalho! Com o tempo, essas consequências podem se manifestar como esgotamento, relacionamentos tensos, distúrbios do sono e dificuldades no trabalho.

Navegar pelo hiperfoco envolve encontrar um equilíbrio e assumir o controle do seu foco. Pense nisso como colocar anteparos brandos de proteção para manter seu hiperfoco no caminho certo enquanto mantém um equilíbrio saudável entre trabalho e vida pessoal. Dessa forma, você pode aproveitar os benefícios do envolvimento profundo e apaixonado sem deixar que ele ofusque outros aspectos cruciais da sua vida ou trabalho.

- *Crie uma estratégia de saída*: defina um plano de saída se você prevê se envolver em uma atividade que desencadeia o hiperfoco. Isso pode incluir o uso de alarmes, acionar uma outra pessoa ou programar intencionalmente uma atividade hiperfocada em um horário específico do dia.
- *Programe períodos de hiperfoco*: se você sabe que é alguém que pode trabalhar bem com hiperfoco, tente estabelecer e assegurar períodos em sua agenda de trabalho para isso. Por exemplo, raramente agendo reuniões às quartas-feiras e "me presenteio" com um dia de hiperfoco por semana. Para outras pessoas, pode ser melhor programar um período de três horas por dia de tempo de trabalho ininterrupto.
- *Utilize lembretes e cronômetros*: use alarmes ou cronômetros para ficar atento ao tempo e fazer a transição para longe dos projetos de hiperfoco quando necessário. Defina

lembretes para fazer pausas, se envolver em outras atividades e cuidar de tarefas essenciais.

- *Tenha momentos de atenção plena*: mudar seu foco pode ser desafiador. Se você tem dificuldade em mudar sua atenção quando os cronômetros disparam, utilize o cronômetro de forma um pouco diferente – use-o como um lembrete para um momento de atenção plena. Quando o cronômetro o alertar, faça uma breve pausa e pergunte a si mesmo: "É isso que eu quero fazer agora?" O objetivo é aumentar seu controle e tomada de decisão intencional. Essa prática cultiva a consciência e cria espaço para transições intencionais, permitindo maior controle sobre suas escolhas.

Gerenciar o hiperfoco é encontrar um equilíbrio saudável que lhe permita aproveitar seus interesses enquanto cuida de outros aspectos importantes da sua vida. Ao incorporar estratégias e práticas de atenção plena, você pode navegar no hiperfoco de uma forma que mantenha o equilíbrio e a harmonia.

Supere a inércia autista

A inércia, um conceito que afirma que objetos em movimento tendem a permanecer em movimento enquanto objetos em repouso tendem a permanecer em repouso, foi habilmente adaptada para descrever os desafios que as pessoas autistas enfrentam ao parar ou iniciar tarefas. Essa luta de parar e seguir é frequentemente chamada de "inércia autista".

Quando estamos lutando para iniciar novas tarefas, pode parecer que há uma onda de resistência para começar ou mudar o foco. No entanto, algumas estratégias podem ajudar você a superar a inércia autista.

- *Divida as tarefas em etapas menores*: dividir um grande projeto em partes gerenciáveis pode torná-lo menos desgastante e mais fácil de abordar.
- *Utilize dicas externas*: dicas visuais ou alarmes podem levá-lo a iniciar ou a fazer a transição entre tarefas. Essas dicas fornecem estrutura e direcionamento para sua atenção, por exemplo, sinalizando o início de uma atividade.
- *Incorpore atividades preferidas e interesses especiais*: ao infundir elementos de prazer e paixão, você pode explorar a motivação intrínseca, tornando mais fácil superar a inércia e se envolver na tarefa em questão. Por exemplo, se você é apaixonado por apresentar dados de maneiras altamente visuais e acessíveis, pode infundir seus relatórios com visualizações envolventes e explorar conjuntos de dados complexos.
- *Experimente a regra dos cinco minutos*: defina um cronômetro de cinco minutos e comprometa-se a trabalhar na tarefa por esse tempo (permitindo-se parar quando o cronômetro disparar). A chave é superar a resistência inicial comprometendo-se com cinco minutos e, muitas vezes, você descobre que, uma vez que começa, fica mais fácil continuar.

Ao aprender a aproveitar sua inércia natural e nadar a favor da corrente em vez de nadar contra ela, você pode desbloquear seu potencial criativo e mergulhar no processamento profundo. Essa abordagem leva a uma experiência de trabalho mais enriquecedora e expansiva.

Conecte-se conosco:

facebook.com/editoravozes

@editoravozes

@editora_vozes

youtube.com/editoravozes

+55 24 2233-9033

www.vozes.com.br

Conheça nossas lojas:

www.livrariavozes.com.br

Belo Horizonte – Brasília – Campinas – Cuiabá – Curitiba
Fortaleza – Juiz de Fora – Petrópolis – Recife – São Paulo

EDITORA VOZES LTDA.
Rua Frei Luís, 100 – Centro – Cep 25689-900 – Petrópolis, RJ
Tel.: (24) 2233-9000 – E-mail: vendas@vozes.com.br